LES

BAS-FONDS DU CRIME

ET DE LA

Prostitution

PAR

Monsieur JEAN

ANCIEN INSPECTEUR PRINCIPAL DE LA SURETÉ

Illustrations et Croquis d'après nature

PAR

LUBIN DE BEAUVAIS

PARIS

BIBLIOTHÈQUE DU JOURNAL FIN DE SIÈCLE

DÉPÔT GÉNÉRAL : 34, Rue de Lille

BIBLIOTHÈQUE DU JOURNAL « FIN DE SIÈCLE »
Volumes illustrés à 3 fr. 50

ROMANS

Victor JOZE. — **La Veuve Béguin,** roman de mœurs parisiennes, illustrations de Carl Hap.

Paul PERRIN. — **Les Bonnes Fortunes du père Pédard,** roman gaulois, illustrations de Guimaraes.

Victorien du SAUSSAY. — **L'École du vice,** roman d'amours parisiennes, illustrations de Carl Hap.

ÉTUDES SOCIALES ET HISTORIQUES

Les Prostituées à Paris, notes et souvenirs d'un ancien agent des mœurs, nombreux croquis, dessins et fac-similé.

Souvenirs galants sur le second Empire, par l'Aïeule, préface de Victorien du Saussay, illustrations de Lubin de Beauvais.

ALBUMS

La Vie fin de siècle, album de 150 gravures,

série 1898	2	»
— — série 1899	2	»

LES BAS-FONDS DU CRIME

ET

DE LA PROSTITUTION

LES BAS-FONDS DU CRIME

ET

DE LA PROSTITUTION

Par Monsieur JEAN
ancien Inspecteur principal de la Sûreté.

ILLUSTRATIONS ET CROQUIS D'APRÈS NATURE

PAR LUBIN DE BEAUVAIS

PARIS

BIBLIOTHÈQUE DU JOURNAL « FIN DE SIÈCLE »

Dépôt général : 34, rue de Lille, 34.

Rien n'est beau que le vrai, le vrai seul est aimable.

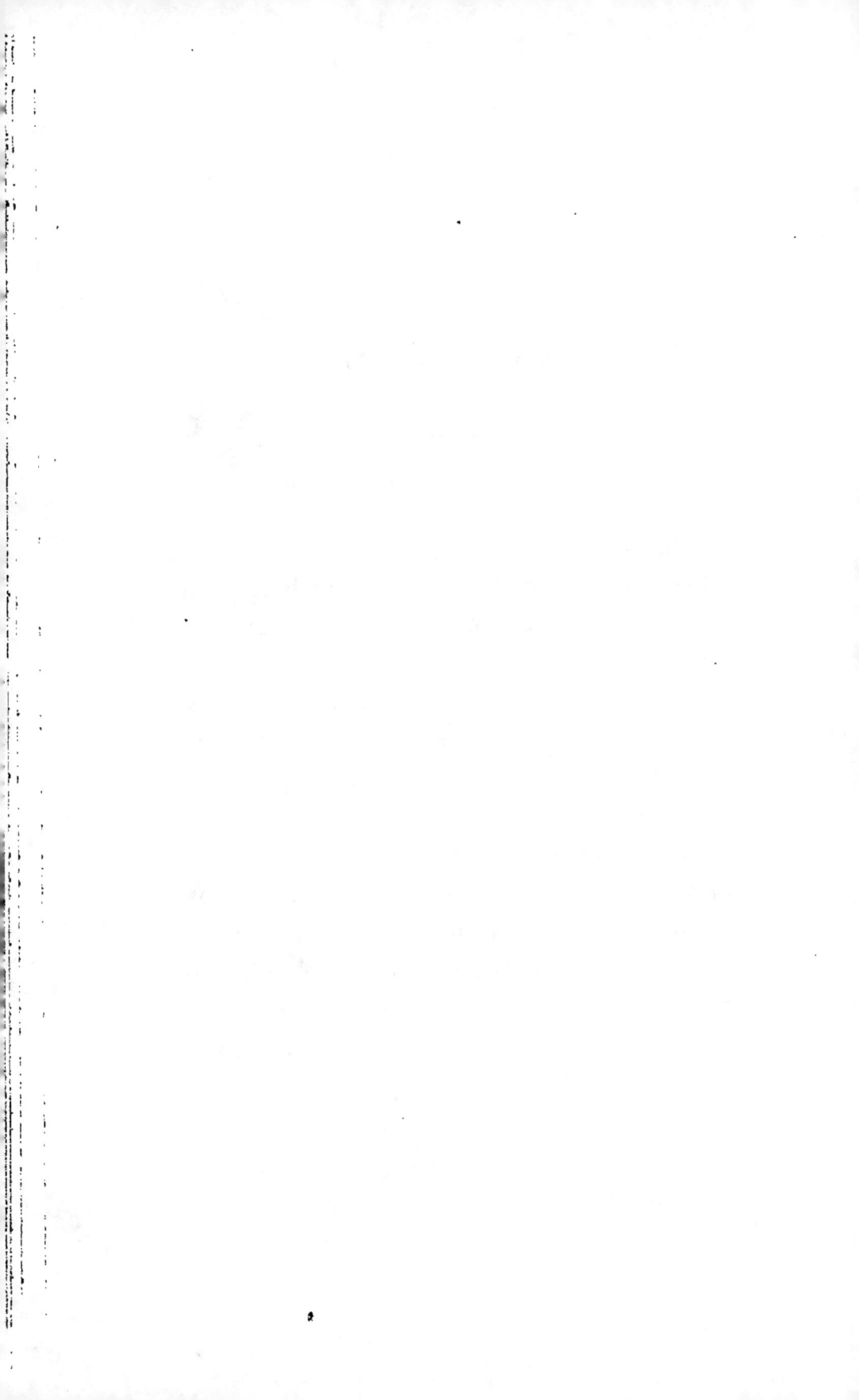

AVANT-PROPOS

Si la haute galanterie, bien que condamnable par la morale, n'offre aucun danger au point de vue de la sécurité de ceux qui l'approchent, la prostitution de bas-étage, au contraire, est voisine des bas-fonds du crime. La prostituée de la dernière catégorie s'appuie, neuf fois sur dix, sur le concours de l'assassin et du voleur.

Voilà pourquoi nous avons cru intéressant de réunir les documents que nous possédions sur les bas-fonds du crime et sur ceux de la prostitution — et en faire un ouvrage destiné à démontrer les liens qui existent entre les chevaliers du couteau et les héroïnes de Saint-Lazare.

L'auteur de cette étude, qui se cache sous le pseudonyme de « Monsieur Jean », est un ancien inspecteur principal de la Sûreté ; il a

1

travaillé, pendant de longues années, sous les ordres de MM. Taylor, Goron et Cochefert. Il est aussi familier avec l'armée du crime qu'avec l'armée du vice, et espère intéresser les personnes qui se donneront la peine de le lire.

I

LES FORTIFS

Les talus des fortifications sont, durant la belle saison, le rendez-vous préféré des jeunes ouvriers qui, le travail terminé, à la nuit tombante, s'y rencontrent avec leurs maîtresses, ouvrières, comme eux, dans une usine quelconque des environs. Si les fossés des « fortifs » n'abritaient que les baisers des amoureux pas assez riches en pécune pour se payer une chambre d'hôtel, ou bien partisans de l'amour en plein air, sous le ciel étoilé de Paris, le mal ne serait pas énorme ; malheureusement, ils servent également de repaire à la basse pègre, aux prostituées de la dernière catégorie et à leurs souteneurs.

— V'là l'beau temps qui arrive, disent ces derniers à l'approche des premières chaleurs; nos marmites vont pouvoir *maillocher* [1] sur les talus.

Les femmes qui « maillochent » aux fortifications n'ont, ça va sans dire, rien de commun avec les « horizontales de grande marque ». Ce sont des filles dans le genre de celles des boulevards extérieurs, plutôt inférieures que supérieures à celle-ci. Leur âge varie entre quinze et soixante-cinq ans. J'ai rarement rencontré, dans les rafles que j'étais chargé d'opérer aux fortifications, des prostituées ayant dépassé cette limite. Je me rappelle toutefois qu'une nuit, mes inspecteurs et moi, nous avons trouvé une femme âgée de *soixante-douze ans* dans les bras d'un garçon qui venait de tirer au sort et qui portait sur sa casquette son numéro. Il est vrai que c'était la dame qui payait; c'était une chiffonnière qui se livrait à la prostitution lorsqu'elle trouvait des amateurs et qui dépensait tous ses bénéfices avec des jeunes marloutins.

Le prix des filles qui travaillent aux « fortifs » varie entre cinquante centimes et

---

1. Travailler.

quarante sous; il monte quelquefois jusqu'à trois francs, grâce aux pourboires des « clients » satisfaits, comme il descend à six et à cinq sous lorsque le « miché » se trouve dans l'impossibilité absolue de se fendre davantage.

La clientèle des gonzesses qui raccrochent sur les talus est loin d'être aristocratique. Ce sont, la plupart du temps, des ouvriers ivres, des charretiers, des ramasseurs de bouts de cigares, etc.

Cependant il arrive à ces dames de raccrocher près des fortifications des clients d'une catégorie plus élevée. Certains débauchés, appartenant à la bourgeoisie, ou même au grand monde, y vont satisfaire leurs sens pervertis, comme ils se rendent dans le même but au bois de Boulogne ou au Bois de Vincennes.

Voilà pourquoi, de temps à autre, les journaux enregistrent des crimes commis dans ces parages. Les souteneurs, qui rôdent dans la nuit autour de leurs marmites, guettent l'arrivée du client. Lorsque c'est un pauvre bougre, ils le laissent tranquille· Mais quand ils s'aperçoivent qu'ils ont affaire à un *miché sérieux*, ils attendent qu'il ait fait son choix, suivent le couple dans le fossé, s'approchent à pas de loup et, sur un signal de la fille, se jettent sur son client qui reçoit un coup de couteau au moment psychologique.

Après avoir dévalisé la victime, ils l'achèvent à coups de botte et la poussent au fond du fossé, où elle est trouvée le lendemain matin par les passants ou par les agents de police.

Après avoir assommé un érotomane de l'espèce indiquée (qui, en somme, a trouvé une mort digne de lui), les souteneurs qui l'ont chouriné et la fille qui leur a servi de complice quittent généralement les « fortifs » pour quelque temps, dans la crainte de se rencontrer avec la police. Ils s'en vont opérer soit au Bois de Boulogne, soit au Bois de Vincennes, soit sur les boulevards extérieurs. C'est là que la police les retrouve... quand elle réussit à les retrouver, car les plus malins, après avoir fait un « riche coup » se rangent pour quelque temps et se gardent bien d'aller dans les endroits où ils sont exposés à être pris dans une rafle.

De cette façon, ils peuvent échapper à la justice s'ils ne sont pas trahis par les camarades.

Il y a quelques années, un marchand de vin de Belleville fut dénoncé à la Sûreté par une lettre anonyme, comme ayant participé à un crime commis cinq ans auparavant dans un terrain vague attenant à la porte Ornano.

Cette dénonciation, extrêmement laconique, ne donnait aucun détail et paraissait être plutôt une œuvre de vengeance qu'une dénonciation sérieuse. Je fus cependant chargé d'une enquête au sujet de cette affaire.

Malgré le côté peu sérieux de la lettre anonyme en question, mon flair de policier me disait que la piste était bonne.

Les recherches que je fis dans les « Sommiers[1] » de la Préfecture ne me servirent à rien : notre homme, au point de vue légal, était blanc comme la neige.

Il fallait recourir à la ruse.

---

1. Fiches contenant toutes les poursuites exercées par le Parquet, même quand la personne poursuivie a été acquittée ou réhabilitée.

Je savais par expérience que les voleurs retirés des affaires ont généralement un faible pour leur ancien métier et se font volontiers receleurs. Je m'étais dit que si je pouvais arriver à faire accepter par le bonhomme, en garde, un objet volé, cela suffirait pour le mettre en état d'arrestation. Une fois arrêté, le type aurait affaire à moi. J'avais la spécialité de « travailler » mes clients et je me faisais fort de faire avouer son crime à l'assassin le plus endurci, en quinze séances de six heures.

Pour conduire à bonne fin la petite opération, je m'étais déguisé en ouvrier et pendant plusieurs jours, j'allai régulièrement prendre mes repas à Belleville chez le marchand de vin dont il s'agit. Un soir, feignant l'ivresse et après avoir attendu que tout le monde fût parti de la boutique, j'invitai le patron à prendre un verre avec moi et je lui tins ce langage, entrecoupé de hoquets :

— Dites donc, patron, votre tête me plaît, je vous trouve bon zigue et je m'en vas vous demander quelque chose. Voudriez-vous me faire crédit pendant une quinzaine de jours ?

—Mais, mon vieux, je ne vous connais pas,

1.

me répondit le mastroquet. Pouvez-vous me donner une garantie ?

— Ben, mon Dieu, pourquoi pas ? fis-je lentement.

Puis, après avoir jeté un coup d'œil méfiant à droite et à gauche dans la pièce, comme si j'avais peur d'être entendu par quelque inopportun visiteur, j'ajoutai :

— Je travaille...

Au lieu de me répondre, le mastroquet me fixa longuement. Ce regard me fit comprendre immédiatement que je ne faisais pas fausse route. Mon homme était au courant du langage des voleurs : il avait parfaitement saisi la signification que je donnais au mot « travail », qui, pour les malfaiteurs de profession, veut dire « vol ». Croyant avoir affaire à un voleur, sans en être encore sûr complètement, le type m'interrogeait du regard, me sondait, avant de me donner une réponse quelconque.

— Alors vous *travaillez?* reprit-il au bout de quelques instants.

— Dans la *carrouble*[1], répondis-je à voix basse.

1. Vol à l'aide de fausses clefs.

L'homme me regarda de nouveau, sembla réfléchir; puis, avec un sourire :

— Et ça va, le travail?

— Pas mal, fis-je. J'ai justement là un objet pour lequel je cherche un amateur.

Les yeux du mastroquet s'allumèrent.

— Qu'est-ce que c'est? me demanda-t-il.

Pour toute réponse, je plongeai ma main dans la poche de mon pantalon et j'en sortis une montre en or provenant d'un vol et saisie la veille sur un pickpocket.

Le marchand de vin me la prit des mains avec une rapidité qui trahissait un homme du métier et, après l'avoir mise dans sa poche :

— Tu veux t'en débarrasser? me demanda-t-il, en me tutoyant pour la première fois.

— Oui.

— Et combien la vends-tu?

— Ma foi, je ne sais pas. Dis-moi ton prix?

— Deux jaunets[1], ça va-t-il?

— Avec une thune par-dessus le marché, hein?

— Ça va.

---

1. Louis.

Et il alla au comptoir chercher l'argent.

Entre parenthèses, la montre en question valait deux cents francs au bas prix.

J'étais fixé : mon homme faisait partie de la *pègre*.

Le marché conclu, je payai à mon recéleur une tournée et je quittai sa boutique pour me rendre quai des Orfèvres.

Le lendemain, le chef de la Sûreté se rendit chez le mastroquet en question, y fit une perquisition et saisit la montre que j'avais vendue la veille. Comme c'était un objet provenant d'un vol, le marchand de vin fut mis en état d'arrestation.

Lorsqu'il fut incarcéré au dépôt de la Préfecture, je rendis une visite à sa femme, une jolie brune à l'air provocant, et, après avoir décliné ma qualité, je la priai de me suivre à la Sûreté.

Elle se mit à se lamenter, jurant sur ses grands dieux qu'elle était innocente.

Je compris qu'elle était de *mèche* avec son mari, qu'elle connaissait le crime dont il était accusé ; il n'y avait qu'à la pousser dans la voix des confidences.

Je lui dis :

— Ma pauvre dame, c'est bien embêtant. Vous savez que cette histoire de montre n'est qu'un prétexte; votre mari est accusé d'assassinat...

Elle se couvrit la tête de ses mains, et en pleurant :

— Oh! mon Dieu! mon Dieu! fit-elle. Je me doutais bien que c'était pour ça qu'on l'arrêtait. Mais je vous le jure que moi je suis innocente.

— Écoutez, répondis-je, je veux bien croire ce que vous me dites, mais, entre nous, vous êtes accusée de complicité. Alors, pour vous disculper, il faudra dire toute la vérité à M. le chef de la Sûreté. Il faut que vous lui racontiez exactement comment les choses se sont passées. Si vous vous amusez à inventer, vous êtes perdue.

Cette conversation avait lieu dans un fiacre qui nous conduisait quai des Orfèvres.

Aussitôt que nous fûmes arrivés à la Sûreté, je conduisis cette femme dans le bureau du chef, à qui elle fit le récit complet du crime.

Pressée de question, elle alla jusqu'à avouer le rôle actif qu'elle y avait joué...

Son mari, qui avait été son amant cinq

année auparavant, lorsqu'elle exerçait la profession de *raccrocheuse* sur le boulevard Barbès, avait tué à coups de couteau, derrière la porte Ornano, un rentier de Montmartre. Le mobile de ce crime était le vol. Martin, — c'était le nom de l'assasin, — en faisant sa ronde quotidienne sur le boulevard Barbès, pour surveiller *le turbin* de sa maîtresse, avait remarqué *un petit vieux bien propre* qui venait souvent faire un tour sur le boulevard et, de temps à autre, emmenait une des « dames » faisant le *raccroc* faire une passe dans un hôtel du quartier.

Martin prit ses renseignements et apprit que le vieux avait de l'argent. Dès lors, il forma le projet de l'assassiner. Il commença par lui lancer entre les jambes sa *marmite*.

Cette dernière avait su satisfaire si bien les caprices du vieux lorsqu'ils allèrent, pour la première fois, passer une heure à l'hôtel, qu'il lui donna rendez-vous pour le lendemain et, petit à petit, s'habitua à la voir régulièrement tous les deux ou tous les trois jours.

Un soir, Julia, sur les conseils de son amant, proposa au vieux d'aller faire l'amour à la belle étoile hors barrière.

Alléché par la perspective de passer une
heure exquise, au clair de la lune, dans les
bras de cette fille qui avait le don d'éveiller
dans son corps moisi ses instincts de mâle
mi-éteints, le vieillard accepta cette pro-
position et suivit Julia dans un terrain vague
attenant à la porte Ornano.

Au moment psychologique, le marlou, qui
avait suivi le couple de loin, se jeta sur le
miché et lui porta dans le ventre et dans la
poitrine plusieurs coups de couteau.

La victime n'eut même pas le temps de crier.

Après l'avoir tué, Martin fouilla le vieux
et lui prit son portefeuille qui contenait
trois mille francs. Puis, il se sauva avec sa
gigolette, laissant là le cadavre qui gisait
par terre la poitrine et le ventre troués.

Le lendemain, Martin et Julia quittaient
Paris. Ils passèrent trois ans en province, à
Marseille, à Bordeaux à Lyon, où ils s'adon-
naient au vol à la tire d'une façon si adroite
que jamais ils ne se firent prendre.

Rentrés à Paris, la bourse bien garnie, ils
décidèrent de faire peau neuve et de devenir
honnêtes. Ils commencèrent par se marier,
à la mairie et à l'église, et achetèrent un

fond de marchand de vin à Belleville. Ils
y auraient vécu tranquillement jusqu'à la fin
de leurs jours si cette dénonciation anonyme
n'était pas venue jeter la police à leurs trousses.

Extrait du Dépôt et confronté avec sa
femme, Martin finit par avouer, à son tour,
tout en disant d'un air mélancolique :

— Ah ! quel malheur d'avoir une femme !

En effet, c'est la femme qui perd souvent
les criminels ; une fois prise, elle résiste rarement au *travail* des policiers et vend la
mèche neuf fois sur dix.

Grâce à sa sincérité, la belle Julia s'en tira
avec dix ans de réclusion ; quant à Martin, il
ne fut pas guillotiné. Les jurés trouvèrent
dans son cas je ne sais plus quelle circonstance atténuante et il fut envoyé aux travaux
forcés à perpétuité.

Nous ne sûmes que plus tard quel était l'auteur de la lettre anonyme qui avait accusé
Martin d'avoir commis l'assassinat de la
porte Ornano. C'était un autre marlou, un
ancien camarade de Martin, qui, au moment
du crime, avait eu des soupçons sur lui, sans
en être sûr complètement.

A cette époque, il ne voulut rien dire, car,

exerçant le métier de souteneur boulevard Barbès, il ne tenait pas à ce que la police sût que le crime avait été commis par un membre de la corporation dont il faisait partie et qui, dans ce cas, aurait souffert toute entière des représailles policières. Mais ayant changé de métier, lui aussi (il était devenu bonneteur), et ayant aperçu un jour, en passant, Martin, assis dans sa boutique, l'air béat et satisfait, il lui en voulait de son bonheur et décida de le dénoncer.

Arrêté lui-même quelque temps après dans une rafle de bonneteurs, qui eut lieu à la gare Saint-Lazare, au retour des courses de Maisons-Laffite, il déclara, pour mériter l'indulgence de l'administration, qu'il avait dénoncé Martin pour rendre service à la justice.

Cela ne l'empêcha pas, du reste, d'attraper du tribunal correctionnel deux mois de prison en compagnie de ses complices.

II

LES BOIS DE BOULOGNE ET DE VINCENNES

Les prostituées de bas étage considèrent le Bois de Boulogne et celui de Vincennes commes leurs domaines à elles. Elles en connaissent les fourrés, les massifs et les taillis, de même que certains Parisiens, amateurs de la nature, se flattent de connaître toutes les cachettes de la forêt de Fontaine-bleau.

Depuis 1875, la prostitution dans le Bois de Boulogne fut l'objet de nombreuses études de la part des fonctionnaires de la Préfecture de police chargés de la sûreté publique et des mœurs. Le nombre d'agents chargés de la surveillance du Bois de Boulogne augmente sans cesse pour combattre l'affluence considérable de prostituées et de souteneurs qui s'y donnent rendez-vous, à partir du mois de mars jusqu'au mois de novembre.

Par sa disposition, le Bois de Boulogne se prête merveilleusement aux «richescoupes». Aussi est-il tout particulièrement apprécié par les malfaiteurs de toute sortes et par les prostituées qui ne dédaignent pas de livrer leurs charmes à la belle étoile.

En dehors des principales voies qui conduisent à la Cascade, aux courses de Longchamps, au lac, au rond-point de la Vierge et au Pré Catelan, le reste du Bois ne peut, à cause de son étendue, être surveillé d'une façon efficace par les gardes du Bois. Ces employés surveillent principalement le matériel et veillent à sa conservation; ils se tiennent dans les endroits remplis de public et laissent aux bons soins de la Providence les parties désertes du Bois où les prostituées et les souteneurs choisissent leurs quartiers généraux.

Au nord comme au sud, à l'est comme à l'ouest, le Bois de Boulogne a ses lieux de ralliement pour les individus qui se livrent au vol, au chantage et à la débauche.

Au nord, la partie dangereuse, avant cinq

heures du matin et après huit heures du soir, est celle comprise entre la route de Long-champ à Neuilly, depuis la porte de Suresnes jusqu'à l'avenue de Madrid.

Les filles mineures, qui pullulent dans les environs du parc de Bagatelle, sont pour la plupart des ouvrières travaillant dans les blanchisseries et les teintureries de Suresnes et de Puteaux.

Exploitées par leurs patrons (leur salaire s'élève rarement à plus de huit francs par semaine), elles augmentent leurs revenus en allant chercher des hommes près des casernes de Courbevoie et du Mont-Valérien. Et c'est ainsi qu'elles deviennent des filles à soldats.

Un fait intéressant à remarquer est celui que les filles arrêtées au Bois de Boulogne pour racolage sont soit mineures, soit ayant dépassé la quarantaine. Les femmes publiques entre vingt et trente ans préfèrent choisir d'autres endroits pour racoler, tandis que celles qui ont dépassé la quarantaine et qui se sentent décaties servent volontiers d'*institutrices* aux « jeunesses » de treize, quatorze et quinze ans qui commencent leur carrière dans les fourrés du Bois.

La plus belle partie du Bois de Boulogne, — au sud — sert de rendez-vous aux *antiphysiques*, aux Oscar Wilde de bas étage parisiens, qui se livrent à des actes sur lesquels il m'est impossible d'insister, sous l'ombrage des grands arbres séculaires.

Le côté est du Bois, garni de sapins, est rempli de filles et de souteneurs. Ces derniers, couchés sur l'herbe de distance en distance, surveillent le travail de leurs *marmites*. Ils ne se lèvent qu'au moment où celles-ci ont réussi à trouver un client et à le conduire dans le taillis le plus sombre du bois.

A un signal convenu, la fille réclame une somme supérieure à celle qui lui avait été promise, et si le « miché » refuse de casquer, le souteneur apparaît à l'improviste et en fait son affaire.

— Eh quoi, salaud, cochon ! s'écrie-t-il. Tu refuses un *jaunet* à ma *gironde*. Attends un peu, je m'en vais appeler les camaros et nous te ferons danser une sacrée gigue, nom de Dieu de sale bourrique que tu es !

Neuf fois sur dix, l'homme qui s'était laissé entraîner dans ce piège s'exécute et une fois

qu'il est sorti du fourré, il déguerpit au plus
vite, assez content de s'en être tiré à si bon
compte. Porter plainte? Il n'y pense même
pas. Ce serait être forcé d'avouer au commissaire de police dans quelles circonstances il
avait été dépouillé.

Il arrive cependant qu'un homme courageux et n'ayant pas peur scandale, atta-
qué au Bois par un ou plusieurs souteneurs dans les circonstances ci-dessus indi-
quées, se serve de son revolver et tire sur ses
agresseurs.

Dans ce cas, presque toujours, ces derniers
se sauvent, étant, comme la plupart des malfaiteurs, des poltrons. Ils s'attaquent à ceux
qui ont peur et fuient devant ceux qui ne
craignent pas de leur tenir tête.

***

Autant le Bois de Boulogne est un lieu de
prédilection des classes riches et aisées de la
capitale, depuis le grand monde jusqu'à la
petite bourgeoisie, autant le Bois de Vincennes
est essentiellement populaire.

Les dimanches et les jours de grande fête,
les ouvriers y viennent passer la journée

avec leurs femmes et leurs enfants. Heureux,
ils s'y reposent après les fatigues de la
semaine, ils dînent sur l'herbe, jouent à
cache-cache dans les fourrés, massifs et taillis.

Cet aspect familial que présente le Bois de
Vincennes les dimanches et fêtes disparaît
les autres jours de la semaine. Il devient
alors le repaire des malfaiteurs, des marlous
et des filles.

Au Bois de Vincennes, les gardes sont
beaucoup moins nombreux qu'au Bois de
Boulogne, et ils sont absolument impuissants
à réprimer les scandales qui s'y produisent
quotidiennement. De temps à autre, ils
arrêtent, avec le concours d'agents en bourgeois chargés de faire leur ronde au Bois de
Vincennes, quelque fille qui, en racolant,
s'était servie de gestes obscènes ayant choqué
ces représentants de l'ordre public. Mais ce
sont des cas isolés. En général, on peut dire
que l'exercice de la prostitution, le racolage
et tout le reste sont tout à fait libres dans le
Bois de Vincennes. Il faudrait dix fois plus de
gardes et d'agents pour empêcher certains
actes immoraux qui s'y produisent journel-
lement.

Ajoutons que les filles faisant le racolage au Bois de Vincennes ont à leur disposition une contre-police composée non seulement de leurs souteneurs, mais aussi de certains vieux messieurs, rentiers la plupart du temps, qui viennent au Bois satisfaire leurs passions séniles et qui se chargent de signaler aux filles la présence des agents dans les environs.

Ces derniers ont encore à lutter contre le concours que prêtent aux raccrocheuses du bois les cantonniers et les artilleurs de Vincennes: ces derniers sont leurs meilleurs clients. Et puis l'arrestation d'un souteneur ou d'une fille au Bois de Vincennes n'est pas chose aussi facile qu'on pourrait le supposer.

Les agents de la Préfecture de police doivent se conformer aux règlements qui régissent les promenades et les jardins publics de la ville de Paris. Pour opérer une arrestation, les inspecteurs de la Sûreté et des mœurs doivent être accompagnés de gardes du Bois, étant considérés, au moment où ils sont en surveillance au Bois de Vincennes, comme détachés de Préfecture et mis à la disposition du conservateur.

Les gardes du Bois n'étant pas toujours très malins, ils donnent quelquefois aux agents des indications absolument erronées d'où proviennent certaines gaffes qui servent ainsi de thèmes aux journaux dans leurs attaques contre la Préfecture de police.

* *

Les battues que la police organise de temps à autre au Bois de Boulogne et au Bois de Vincennes méritent d'être mentionnées dans cet ouvrage.

Voici comment s'opère une battue :

Un matin, le chef de la Sûreté appelle ses inspecteurs principaux et leur dit :

— Mes enfants, ce soir nous irons faire un tour au Bois de Boulogne.

On prévient le conservateur du Bois, on donne des ordres aux hommes, en mobilisant la brigade dite de la voie publique à laquelle on joint des détachements des autres brigades disponibles. Si la battue doit être sérieuse, on demande du renfort à l'une des brigades de réserve (anciennes brigades centrales) des gardiens de la paix, sans compter le concours des agents des arrondissements avoisinant le Bois de Boulogne ou le Bois de Vincennes.

A minuit, toutes ces forces : agents de la Sûreté, gardiens de la paix de la Préfecture, gardiens de la paix des arrondissements respectifs dans la circonstance (soit que la battue a lieu au Bois de Boulogne, soit qu'elle a lieu au Bois de Vincennes), gardes de la Ville de Paris qui servent d'indicateurs à l'expédition et gendarmes des communes voisines cernent le bois tout entier, pendant qu'un fort détachement, ayant à sa tête le chef de la Sûreté lui-même, ou son sous-chef, accompagné d'un officier de paix et d'inspecteurs principaux des gardiens de la paix et du service de la Sûreté, s'engage dans différentes allées et visitent tous les fourrés, taillis et broussailles.

Les individus, hommes et femmes, qu'on y déniche sont arrêtés et conduits tout d'abord au plus proche commissariat de police d'où, après un interrogatoire sommaire, on les envoie au dépôt de la Préfecture... à moins, qu'on ne se trouve (ce qui arrive encore assez souvent) en présence de personnages de marque... en villégiature momentanée au Bois de Boulogne.

Une nuit, on y trouva ainsi un ministre des Finances accompagné d'une gigolette de Montmartre; une autre nuit la fille d'un des plus gros banquiers de Paris s'y fit prendre en compagnie d'un valet de pied de son père!..

Dans ces cas, on ne verbalise pas (la police est une mère pour les heureux de la vie) et on laisse partir les coupables à leur guise pendant que l'on fourre dans le panier à salade les pauvres bougres pris en flagrant délit de vagabondage nocturne.

En somme, il serait difficile à un chef de la Sûreté d'agir autrement. Après tout, on ne peut pas lui demander d'envoyer au violon des ministres et des sénateurs, ni d'enfermer à Saint-Lazare des jeunes filles du monde, ayant le goût du noctambulisme et se plaisant dans les fourrés du Bois, mais pouvant justifier d'un domicile... chez leur papa qui reçoit M. le Préfet de police à sa table.

Chaque battue, opérée soit au Bois de Boulogne, soit au Bois de Vincennes, amène l'arrestation d'une centaine d'individus, composés, en dehors d'un certain nombre de vagabonds inoffensifs, de filles, de leurs souteneurs, de pédérastes et d'escarpes de toute espèce.

Ces battues sont donc utiles. Ajoutons qu'elles sont souvent très dangereuses, certains malfaiteurs ne dédaignant pas de se servir de leur couteau ou de leur revolver au moment où les agents viennent leur mettre la main au collet,

III

LES BAS-FONDS CLASSIQUES

Lorsqu'un étranger de marque vient visiter les bas-fonds de Paris et s'adresse à ce sujet à M. le préfet de police par l'intermédiaire de son ambassade, le « Grand-Père » (c'est ainsi que les policiers appellent leur préfet) charge généralement deux inspecteurs de la Sûreté de conduire le personnage en question place Maubert — place Maub', comme on l'appelle vulgairement — et de lui montrer quelques cabarets mal famés.

Après avoir vu le cabaret du *Père Lunette*, cet étranger se figure qu'il connaît les bas-fonds de Paris.

Rentré dans son pays, il raconte à sa femme, à sa maîtresse, à ses enfants et à ses amis qu'il a coudoyé à Paris le vice le plus hor-

rible, qu'il a frôlé des assassins et des voleurs.

Anéantissons une fois pour toutes cette
légende : les cabarets des environs de la
place Maubert sont des établissements où
l'on peut se rendre en toute sécurité; tout
seul, sans aucun concours de la police.

Je ne prétends pas que tous les habitués
de ces cabarets sont d'une honnêteté au-dessus de tout soupçon, mais il est certain que
les malfaiteurs de profession choisissent
d'autres bouges pour se cacher.

Je n'exagérerai pas en disant que place
Maubert, rue Galande et rue des Anglais; on
rencontre certainement plus d'agents de police que de malfaiteurs.

Cela s'explique : la préfecture de police
étant située à deux pas de ces parages, les
agents y choisissent la plupart du temps
leurs domiciles respectifs. Le soir, avant
d'aller se coucher, ils vont volontiers prendre un verre dans un des cabarets dont nous
parlons. Voleurs et assassins seraient vraiment naïfs d'y aller, eux aussi, avec une certitude absolue de s'y rencontrer avec la
rousse.

Cela n'empêche pas que les étrangers, les provinciaux et les paisibles bourgeois des Batignolles considéreront encore pendant longtemps les environs de la place Maubert comme extrêmement dangereux la nuit, et se figureront que les cabarets qui s'y trouvent servent de repaire aux malfaiteurs les plus terribles.

Je ne parlerai donc ici du cabaret du *Père Lunette* qu'en tant que d'une curiosité de Paris.

L'établissement en question, qui se trouve au n° 4 de la rue des Anglais, est composé de deux pièces longues et étroites, séparées par une cloison de bois. La salle du fond — pièce des « aristos » — est nommée: *le Sénat.*

Un comptoir en zinc, derrière lequel sont assis le propriétaire du cabaret et son épouse, occupe, dans presque toute sa longueur, le côté droit de la pièce d'entrée.

Dans le couloir, fort étroit, qui sépare ce comptoir du mur lui faisant face, se pressent les clients de la maison, buvant debout, criant, gesticulant.

Derrière cette palissade humaine, on voit

sur un banc scellé contre le mur, au-dessous d'une rangée de barils, plusieurs vieilles femmes en haillons, sales, dépoitraillées : les unes assises, les autres couchées, pêle-mêle, ivres-mortes.

Sur les petits tonneaux à liqueurs ornementant la boutique, sont piqués les portraits-charges des clients sérieux.

La salle du fond — *le Sénat* — est garnie de tables de bois rapprochées les unes des autres, au milieu desquelles les consommateurs sont entassés comme des harengs.

Le brouhaha qui règne dans cette salle est extraordinaire. On crie, on hurle, on dit des vers, on chante, on casse des verres, on s'assomme.

L'unique garçon, suant de fatigue, se démène pour arriver à servir tout le monde.

Tout le monde paie d'avance ; on n'est servi que lorsqu'on a payé. Le prix des consommations est de quinze centimes.

Les murs de la salle sont ornés de dessins obscènes. Citons, parmi ces derniers, deux peintures principales : un gros bonhomme qui fait caca, accroupi, sous l'ombrage d'un énorme parapluie, et une fille toute nue qui vient de faire une *passe* et à qui son souteneur tend une cuvette d'eau.

Les batailles sont assez fréquentes au Père Lunette, mais tout s'arrange généralement en famille, sans intervention de la police. Lorsque deux consommateurs ne sont pas contents, l'un après l'autre ils sortent vider leur querelle dans la rue. Après s'être fichu une tripotée en règle, au milieu d'un cercle de curieux, les clients du Père Lunette ont l'habitude de se réconcilier sur le terrain, à l'instar des célèbres duellistes. C'est bras dessus, bras dessous, qu'ils rentrent dans le cabaret et se font servir une tournée qui est payée par l'adversaire battu.

***

En dehors de sa peinture, le Père Lunette possède sa poésie.

Voilà la *Chanson du Père Lunette*, chantée tous les soirs par le chanteur de l'établissement.

> Oui, quelques joyeux garnements
> Battent la dèche par moment.
> Chose bien faite !
> Moi, dans mes jours de pauvreté,
> J'ai, dit-on, beaucoup fréquenté
> *Père Lunette.*

Aussi, je veux vous détailler,
Au risque de vous voir bâiller
   Jusqu'aux oreilles,
Ce qu'on y voit de curieux
C'est le produit laborieux
   De plusieurs veilles.

A gauche, en entrant, est un banc
Où le beau sexe, en titubant,
   Souvent s'allonge ;
Car le beau sexe, en cet endroit,
Adore la chopine, et boit
   Comme une éponge.

A droite, un comptoir en étain
Qu'on astique chaque matin :
   C'est là qu'on verse
Les rhums, les cogacs et les marcs
A qui veut mettre trois pétards (*15 centimes*)
   Dans le commerce.

La salle est au fond ; sur les murs,
Attendant les salons futurs,
   Plus d'une esquisse,
Plus d'un tableau riche en couleur
Se détache, plein de chaleur
   Et de malice !

Les pieds posés sur un dos vert
Une Vénus de la Maubert,
   Mise en sauvage,
Reçoit des mains d'un maquereau
Une cuvette pleine d'eau
   Pour son lavage.

Cassagnac, on ne sait comment,
Arrive juste en ce moment
    Toujours sévère.
Et Gambetta, plus libertin,
Fixe ardemment sur la catin
    Son œil de verre.

Gambetta, toujours peu flatté,
Se retrouve décapité
    Dans sa sonnette,
Observant, d'un œil polisson,
Un autre groupe où le poisson
    Porte casquette.

Le chien, la maîtresse et l'amant
S'en vont tous les trois fièrement
    Et haut le ventre,
A la conquête de celui
Qui sera ce soir le mari,
    Disons le pantre.

Dans un verre qu'il tient en main
L'homme-chien, horrible et trop plein,
    Vomit sans honte,
Et, malgré son contentement,
Constate, avec étonnement,
    Qu'il a son compte.

Muni d'un immense pépin
Le bas et cauteleux Rodin,
    Parfait jésuite,
Frac boutonné jusqu'au menton
Allonge un énorme piton
    En pomme cuite.

Le bon Tartufe et Loyola
Revivent dans ce gredin-là.
    A moi, Molière.
Eugène Sue et toi, Pascal,
Car ce ténébreux animal
    Craint la lumière.

Que de cadavres entassés,
Et combien de bûchers dressés
    Forment l'histoire
De tous ces pères Loriquet
Qu'on a flétris du sobriquet :
    De Bande noire !

Gloire à l'auteur du *Juif-Errant*,
Son livre est vrai, son œuvre est grand.
    Tant que sur terre
On grinchera de par Jésus,
Vous ne serez jamais trop lus,
    Sue et Voltaire.

La charmante Fleur-de-Péché,
Dont le front rêveur est penché
    Sur une verte,
De ses charmes dus au pastel
Tient sur le boulevard Michel
    Boutique ouverte.

En costume de chiffonnier,
Diogène, vieux lanternier,
    Observe et raille,
Semblant tout prêt à ramasser
Les hontes qu'il voit s'entasser
    Sur la muraille.

Puis, deux êtres qui ne sont qu'un
Femelle blonde et mâle brun,
    Ardents, farouches !
Dans l'ovale d'un médaillon,
Se font un amoureux bâillon
    De leurs bouches.

Sous un parapluie étendu
Monseigneur Plon-Plon, éperdu,
    N'est plus à l'aise,
Et flairant un nouveau danger
Fait ce qui du verbe manger
    Est l'antithèse.

Voici la reine des poivrots
Buvant sans trêve ni repos,
    C'est Amélie.
Jadis, cette affreuse guenon
Était une femme, dit-on,
    Jeune et jolie.

A boire ! à boire ! Encore du vin
Jusqu'à deux heures du matin,
    La soif la ronge ;
Et sous le téton aplati
A la place du cœur parti,
    Bat... une éponge.

IV

A partir de huit heures du soir en été et de cinq heures et demie en hiver, les trottoirs parisiens prennent un aspect tout particulier.

Les femmes publiques ont beau racoler durant toute la journée, surtout dans certains quartiers, ce n'est que le soir, au moment où les becs de gaz jettent sur Paris leur lueur blafarde, que la « retape » bat son plein et fait de nos rues et de nos boulevards un immense lupanar.

Je n'ai pas à expliquer à mes lecteurs ce que c'est qu'une retapeuse, je veux dire une retapeuse dans le vrai sens du mot : non pas une femme qui *s'offre*, mais une femme qui *s'impose*, qui *attaque*, qui *attire*; une femme qui viole les résistances et prend d'assaut les hésitations des novices.

Bien que les raccrocheuses aient le droit de cité dans presque tous les quartiers de Paris et que les grands boulevards, à la nuit tombante, en soient pleins, ce sont surtout les boulevards extérieurs qui servent de cadre aux retapeuses, c'est-à-dire aux raccrocheuses de métier.

Tous les boulevards extérieurs, aussitôt les réverbères allumés, appartiennent aux prostituées.

Les racoleuses en question ne sont pas toutes des filles soumises et passant à la visite sanitaire ; un grand nombre de ces femmes sont des filles libres, des débutantes, et c'est pourquoi la police organise de temps à autre des rafles sur les boulevards extérieurs, afin de soumettre aux obligations sanitaires celles qui ne sont pas encore inscrites au dispensaire de la préfecture.

Une rafle est opérée d'habitude (sauf cas exceptionnels où, à la suite d'une plainte, un commissaire de police ou un officier de paix organise une ronde de nuit sur une partie des boulevards extérieurs) par le service des mœurs sous la direction d'un inspecteur principal du service, et avec le concours de gardiens de la paix en bourgeois détachés aux « mœurs » dans leurs arrondissements respectifs.

Les agents arrivent par petits groupes, par deux, par trois, et cernent la partie du boulevard où la rafle doit avoir lieu. Puis, sur un signal, ils se précipitent vers le milieu du boulevard et « ramassent » toutes les filles qui y « travaillent ».

Un des devoirs du parfait souteneur est de guetter de loin l'arrivée des « flics » et de l'annoncer à sa « marmite » par un signal convenu; aussi, les agents de police, lorsqu'ils préparent une rafle, tâchent de déjouer la vigilance des marlous et de paralyser leurs efforts.

Il y a une lutte continuelle, sans cesse, sans relâche, entre les agents de la Sûreté et des mœurs, d'un côté, et les souteneurs, de l'autre côté. C'est une guerre à mort entre l'armée de l'ordre et l'armée du vice.

Cette lutte devient réellement dangereuse pour les agents de l'autorité dans certains quartiers excentriques, entre autres sur les boulevards extérieurs.

Les souteneurs de bas étage sont armés de couteaux et de revolvers et ne se gênent point pour attaquer les agents lorsque ces derniers viennent déranger leurs marmites dans leur travail.

Plusieurs agents ont trouvé la mort, d'autres ont été grièvement blessés par les souteneurs de la Villette ou de Belleville au cours de rafles dans la rue ou de descentes dans les hôtels meublés peuplés de filles.

Qu'il me soit permis de m'élever ici contre la mauvaise réputation qu'on a faite à l'agent des mœurs. C'est une légende qu'il faut détruire, que celle qui représente les agents du service comme des hommes tarés vivant en bonne harmonie avec les filles et les maîtresses de maisons publiques.

Il y a cinquante ans, cela pouvait être vrai, à l'époque où l'on recrutait les agents de la Sûreté parmi les anciens voleurs, où les chefs de la Sûreté eux-mêmes, tel le fameux Vidocq, étaient des malfaiteurs retirés des affaires.

Aujourd'hui, on demande à un agent de

police, en général, et à un agent de la Sûreté
et des mœurs, en particulier, plus d'honorabi-
lité que l'on n'en demande pour entrer dans
n'importe quelle administration.

On n'est pas sûr à qui l'on a affaire
lorsqu'on s'adresse à un diplomate, car le
népotisme et le favoritisme jouent un rôle
considérable dans la « carrière »; mais on est
certain d'avoir devant soi un honnête homme,
quand on parle à un agent de police.

En défendant les employés de police
contre les attaques injustifiées de la presse
et du public, je ne fais que remplir un
devoir. Un « ancien » de la « maison », ayant
l'honneur de s'adresser au grand public par
la voie d'un journal, devait à la corporation
dont il a fait partie de la laver des accu-
sations mal fondées et absurdes.

* * *

Tout le monde à peu près connaît l'emploi de la journée d'une demi-mondaine de
grande marque : grasse matinée, déjeuner
avec le petit vicomte, promenade à travers
les grands magasins, tour au Bois avec
Sapho, *five o'clock tea* en compagnie du gros

3.

baron, dîner avec le marquis, théâtre, souper et *tutti quanti...*

Voici maintenant l'emploi de la journée d'une simple retapeuse des boulevards extérieurs.

Lever vers huit heures et demie ou neuf heures. Sortie en jupon et en pantoufles, — cheveux à la va-t'faire foutre — chez le troquet du coin, lieu de rendez-vous de plusieurs de ces dames : la grosse Marie, la rousse Julia, la blonde Mélie, Margot la vérolée, etc.

On se dit bonjour, on rigole un brin et l'on commande une verte, en attendant l'arrivée de Messieurs les Alphonses qui, paresseux comme tous les hommes, restent au li plus longtemps que leurs femmes.

Si l'on est en fonds, on reste à déjeuner chez le bistrot ; sinon, on se fricote quelque chose chez soi, un peu de ragoût ou des pommes au lard. Après le déjeuner, on organise une petite partie de cartes jusque vers trois heures, heure à laquelle commence le *turbin.*

Ces dames s'arrangent un peu leurs cheveux, mettent des bottines à la place des pantoufles, brossent leurs jupes... et sortent.

En se baladant à travers les boulevards extérieurs, entre trois heures et l'heure du crépuscule, ces demoiselles représentent on ne peut mieux ce que, dans le langage si imagé du peuple de Paris, on appelle des *traînées*.

En effet, elles ne marchent pas, elles traînent...

Leur racolage de jour diffère sensiblement de celui qu'elles pratiquent la nuit. Il est moins brutal, moins provocant, mais aussi ignoble. Elles rôdent autour des boutiques de marchands de vin, des bureaux d'omnibus, s'arrêtent aux devantures des magasins et font de *l'œil* aux hommes qui passent...

Quand elles sont très jeunes, elles se font passer pour des ouvrières sans travail : ça réussit fort bien. Il y a toujours des gogos pour couper dans le pont et prendre pour une ouvrière une racoleuse de dix-sept ans, en cheveux et en camisole, qui rôde avec une copine et vous rit au nez en passant...

Lorsqu'il y a une fête foraine dans le quartier, les raccrocheuses s'y rendent en nombre, montent sur les chevaux de bois ou rôdent autour des baraques, à la recherche du client de bonne volonté.

Les hôtels borgnes sont là, qui attendent les couples excités par le brouhaha de la fête, la musique, les montagnes russes et les bateaux à vapeur.

***

A la nuit tombante, commence pour ces dames un autre genre d'exercices.

A ce moment, il ne s'agit plus de se promener avec une camarade et de faire de l'œil aux passants. C'est une véritable lutte pour la vie, une chasse à l'homme, — au miché, — qui commence à présent.

Dispersées au milieu du boulevard, elles guettent au passage le « gibier à la thune ». Elles le flairent, courent après, s'acharnent à ses trousses, l'arrêtent, l'attaquent, le violentent s'il le faut et l'attirent chez elles ou dans un hôtel quelconque des environs.

On connaît la fameuse phrase des prostituées de bas étage, qui est une sorte d'entrée en matière, une invitation à la valse du miché qui passe :

— Je te ferai tout ce que tu voudras, et tu me donneras ce que tu voudras.

Bien naïf celui qui prend cette déclaration à la lettre.

Une fois

> Dans un endroit écarté,
> Où se mettre à... l'aise on a la liberté,

les choses changent complètement.

Après avoir demandé au client son petit cadeau, la fille le trouve insuffisant. Un marché commence et un supplément s'impose. Du reste, à moins qu'elle ne soit tombée sur un miché tout à fait exceptionnel, qui lui a donné une récompense quatre fois supérieure à son salaire habituel — et encore! — la retapeuse n'est jamais contente.

Admettons que le prix convenu soit deux francs. Sur la demande de la fille, le monsieur lui a ajouté une pièce de vingt sous, ce qui fait qu'avant de se mettre au *turbin* elle a touché trois francs.

Après un examen minutieux des pièces et un « merci, mon chat » plutôt froid, la retapeuse se met à l'ouvrage... Le monsieur paraît satisfait... lorsque, tout à coup, la belle (cette expression est rarement exacte, mais enfin il faut être galant avec les dames, n'est-ce pas?) s'arrête juste au milieu... de la marche à faire.

Neuf fois sur dix, l'homme est au moins
mécontent. sinon furieux, de cet arrêt inex-
pliqué.

— Qu'est-ce qu'il y a ? crie-t-il étonné.

— Donne-moi encore dix sous, veux-tu ?
lui répond la catin. Je serai bien gentille, tu
verras...

Et, presque toujours, l'homme s'exécute...
ce qui n'empêche pas la fille de lui demander
encore quelques sous, — un pourboire
— lorsqu'elle a terminé son ouvrage.

De temps à autre, cependant, elle paie cher
cette exploitation sans merci. Il lui arrive de
tomber sur des « types » qui, à la place du
supplément demandé, la gratifient d'une
exemplaire raclée.

Il est vrai que le marlou de la dame n'est
généralement pas loin et que l'individu choi-
sissant ce mode de paiement risque, à son
tour, de se voir infliger une correction ; mais,
en attendant, elle a reçu son paquet, bien
mérité du reste.

*

Avez-vous jamais assisté à une rafle sur le
boulevard extérieur ?

Des raccrocheuses de tout âge et de toute taille, vieilles, jeunes, grandes, petites, grosses, maigres, boiteuses et bossues, se promenaient de long en large du boulevard en guettant le miché, lorsque tout à coup un cri strident se fit entendre dans le lointain :

— Les mœurs !

C'est le marlou veilleur, le maquereau de garde, qui prévient ces dames du danger qui les menace.

Et, en un clin d'œil, le boulevard se vide. Vieilles et jeunes, patentées et libre-marcheuses, les racoleuses se sauvent dans une course folle...

Elles bousculent des passants, se précipitent dans les boutiques de marchands de vin... elles courent, elles courent...

Quelques-unes, en effet, celles qui se trouvaient sur le trottoir, ont réussi à se sauver... mais les autres, celles qui *travaillaient* au milieu du boulevard, n'ont pas eu le temps de déguerpir: le boulevard est cerné par les « flics ». Se voyant prises, elles reviennent sur leurs pas, se bousculent entre elles, ressemblent à des bêtes poursuivies dans un bois par des chasseurs et une meute de chiens...

Une fois arrêtées, il est rare qu'elles résistent à la force. Elles marchent, dociles, sous l'escorte, vers le poste voisin.

Certaines, par crânerie, ou pour mériter les bonnes grâces des agents, font des mots.

J'en ai entendu une qui disait à l'inspecteur qui l'empoignait par le bras :

— Vous faites erreur, monsieur l'agent, je suis une commerçante patentée et mon petit frère a passé hier matin devant le conseil de revision, comme la loi l'exige...

V

LE BAL DES VACHES

On appelle dans les quartiers populaires « bal des vaches » un bal de quatrième catégorie dont les danseuses appartiennent à la plus basse prostitution et les danseurs à l'armée du crime.

On se rappelle le fameux *bal des vaches* qui, à un moment donné, appartenait au célèbre M. Toutée, président de la non moins célèbre neuvième chambre de la police correctionnelle.

Si le lecteur veut bien, je le conduirai dans un des établissements en question et lui en expliquerai le fonctionnement.

Les bals des vaches ont lieu généralement dans les salles attenant à des boutiques de marchands de vin. Pour entrer au bal et pour en sortir, on passe à côté du zinc et l'on s'y arrête.

C'est sur les consommations, plus encore que sur les danses, que comptent généralement les patrons de ces établissements.

Les danseuses des bals dont il s'agit viennent toujours danser en cheveux, ça va sans dire; quant aux danseurs, ils sont généralement vêtus de blouses et coiffés de casquettes. On voit peu de galurins dans les bals des vaches.

La plupart des danseurs de ces boîtes sont des marlous, des voleurs et même des ou de futurs assassins; cependant, on y rencontre également des ouvriers qui, après quelques libations au comptoir du mastroquet, passent dans la salle de danse pour voir chahuter les *mecs* et les *gonzesses* ou bien pour trouver une gigolette pas trop chère et bien cochonne.

Les filles qui fréquentent les bals en question méritent bien le nom qu'on leur donne; ce sont des créatures ignobles, dégoûtantes.

A de rares exceptions, elles arrivent au bal sales, à peine débarbouillées. Elles y vont plutôt pour se reposer après les fatigues de la journée que pour chercher des michés.

Toutefois elles ne dédaignent pas ces derniers, si l'occasion se présente.

Lorsqu'une fille de cette catégorie a aperçu entre deux quadrilles un ouvrier qui lui fait de l'œil, elle fait signe à son marlou qu'elle va tâcher de travailler. Puis elle s'approche de l'homme qui la regardait et lui demande s'il veut lui payer une consommation.

Si l'ouvrier accepte, on passe au comptoir et on cause en sirotant une boisson quelconque. Si l'homme est pressé on sort de suite (du reste il est rare qu'un bal des vaches ne soit pas accompagné d'un hôtel meublé) et la fille revient une heure après, retrouver son marlou qui l'attend. Si au contraire le « miché » a d'autres idées, s'il a envie de rigoler et de faire quelques tours de valse avec sa choisie, la fille se met à sa disposition, après avoir prévenu son amant de cœur qu'elle va être occupée.

Les rixes sont très fréquentes dans les bals de vaches, d'abord entre souteneurs, et ensuite entre ces derniers et les ouvriers qui voudraient faire leurs malins, faire danser une gonzesse et aller coucher avec elle sans casquer.

Coucher avec un homme (autre que le p'tit chéri) pour rien déconsidère une fille aux yeux de ses égales et de la corporation des maquereaux. Elle passe pour une imbécile.

Dans ce monde-là, autant sinon plus encore que dans celui de la prostitution d'un rang plus élevé, les relations entre la fille et le *miché* sont une lutte perpétuelle, sans merci. La prostituée à vingt ou quarante sous sait parfaitement bien qu'un ouvrier qu'elle aura réussi à racoler n'est pas riche et qu'il est tenté de lui poser un lapin. Aussi, lui demande-t-elle toujours de l'argent d'avance et plaque l'individu qui ne veut pas marcher. Mieux que ça : souvent elle le signale à son marlou qui cherche à lui faire son affaire à la sortie.

C'est pour cela qu'il y a si souvent des batailles et même des crimes de commis à la sortie de bals publics de cette espèce.

VI

LES MAISONS ÉCONOMIQUES

J'appelle une maison économique le lupanar bon marché, c'est-à-dire de la dernière
catégorie.

La passe y varie entre un et trois francs,
tout compris.

Paris compte environ vingt-cinq de ces
établissements économiques dont la plupart
sont situés du côté de la place Maubert, à
Montrouge, à Charonne, à la Villette, à Belleville, à Grenelle, etc.

Elles ont, presque toutes, un estaminet où
des ouvriers et même des bourgeois du quartier viennent se rafraîchir le soir.

Contrairement aux établissements simi-
laires plus chics où les femmes ne sont vêtues
que d'un peignoir ou d'une chemise, les pen-

sionnaires des maisons économiques sont plus habillées. Elles portent généralement un petit jupon court s'arrêtant à la naissance des jambes; les bras et la poitrine sont nus.

Rebut du centre de Paris et presque toutes se livrant à l'intempérance, ces femmes, âgées de trente à cinquante ans, font la joie d'ouvriers et de rôdeurs.

Mais, comme je l'ai dit plus haut, elles reçoivent aussi une clientèle à part, composée de petits bourgeois du quartier.

Ceux-là sont choyés par la patronne, dorlotés par les pensionnaires, servis avec respect par les garçons. Ils en sont fiers et finissent par s'habituer à ces maisons où ils se sentent comme chez eux.

Si la vie des pensionnaires des maisons de tolérance de premier et de deuxième ordre n'est pas déjà très enviable, que dire de celle des malheureuses qui peuplent les maisons économiques?

Vieilles, pauvres, laides, elles se laissent insulter par la tenancière et sa sous-maîtresse, et sont forcées de subir la brutalité des clients qui arrivent presque toujours

ivres, se mettent facilement en colère et ont
la main leste si la femme ne subit pas leurs
caprices.

Elles sont mal nourries et couchent dans
d'épouvantables taudis sans air où elles sont
logées par deux ou même par trois, forcées
de partager le même lit.

Autant le « salon » d'une maison de tolérance du centre de Paris est confortable,
autant la pièce de réception d'un lupanar
économique est triste, morne et sale.

Sur de vieux canapés archi-usés, sur des
chaises longues envahies par des punaises,
les pauvres filles de la maison s'étalent à
demi couchées, en compagnie de leurs clients
de passage.

N'oubliez pas la suspension classique,
accrochée au plafond et jetant sur toute la
pièce une lumière à demi éteinte et lugu-
bre.

Des verres remplis de sirops quelconques,
posés par-ci, par-là, sur des tables, augmentent le cachet particulier de ces véritables
bas-fonds de la prostitution parisienne.

*
* *

Les patronnes des maisons économiques

ont généralement à leur service de forts
gaillards taillés en hercules etremplissant les
fonctions de garçons dans la salle de l'estaminet; si la tenancière a une discussion avec
un client récalcitrant, c'est le garçon qui est
chargé de le mettre à la porte, ce qu'il exécute avec une véritable *maëstria*, tel un lut-
teur de profession.

Ces larbins de bordel couchent généralement dans le lit de la patronne lorsque cette
dernière n'est pas mariée. (C'est une erreur
de croire que l'Administration exige de
la maîtresse d'une maison de tolérance d'être
en possession de mari.) Souvent, c'est le mari
légitime de la dame qui remplit les fonctions
de garçon, reçoit les pourboires, met les mé-
contents à la porte, etc.

Il y avait jadis rue de Steinkerque une
maison publique nommée *Au Perroquet Gris*
(et remplacée aujourd'hui par une maison
de rapport) dont le garçon servant dans la
salle de l'estaminet était si grand, si gros et
si bien fait, que, comme dans la chanson de
Bruant, on lui donnait dans le quartier le
sobriquet d'*Empereur des dos*.

Cet empereur, grâce à ses nombreuses

qualités, a épousé la patronne d'une maison de passe des environs, maison qu'il vendit quelques années plus tard avec un gros bénéfice.

Retiré des affaires, il est aujourd'hui conseiller général dans son pays...

Et voilà comment le métier de maquereau mène à tout, à la condition d'en sortir...

VII

LES HIRONDELLES

Les *hirondelles* désignent, dans le langage policier, les femmes publiques faisant la fenêtre.

Il y a toutes sortes d'*hirondelles* à Paris, comme il y a toutes sortes de prostitutions.

Les fenêtres de certains coins de rues sont très recherchées par les racoleuses. Pour les obtenir, elles s'entendent avec les concierges, s'offrent à payer le prix du logis qu'elles convoitent plus cher qu'il n'était loué à un locataire ordinaire, s'allient les pipelets à force de cadeaux et de pourboires.

Dans les rues et faubourgs Saint-Denis et Saint-Martin, beaucoup de logements n'ont été loués qu'à des filles en cartes depuis de longues années; elles se les cèdent les unes

aux autres moyennant trois, quatre ou cinq mille francs.

Dans plusieurs de ces logements, le mobilier n'a pas été changé depuis dix ou quinze ans et a toujours été revendu par l'ancienne locataire à la nouvelle.

Certains de ces locaux sont loués par des marchands de vin, fruitiers, charbonniers, etc., qui les sous-louent à des filles, à des prix exorbitants.

Dans son curieux livre *Le Gibier de Saint-Lazare*, M. Macé, l'ancien chef de la Sûreté, devenu un écrivain de valeur, donne la copie d'un acte d'engagement qui mérite d'être cité :

« Entre les soussignés :

« 1° M. B... et demoiselle R..., son *épouse*, marchands de chiffons, demeurant ensemble à Paris, rue...

D'une part ;

2° La demoiselle D..., sans profession, demeurant à Paris, rue...

D'autre part ;

« Il a été dit, fait, convenu et arrêté ce qui suit :

« M. et Mme B... louent à la demoiselle D...,

qui l'accepte, une chambre éclairée sur la rue... au premier étage de la maison portant le N°... dont les époux B... sont principaux locataires.

« La présente location est consentie par les parties moyennant une somme fixée par eux que la demoiselle D... s'oblige à payer aux époux B..., tous les jours, au matin et d'avance.

« En cas d'actes scandaleux, bruit troublant la tranquillité de la maison, ou de non paiement même d'une seule journée de loyer, la location cesse d'elle-même, sur un simple avertissement verbal des époux B...

« La preneuse devra évacuer les lieux le lendemain sans avoir besoin d'aucune poursuite judiciaire ni aucune signification écrite.

« Il est expressément convenu que la demoiselle D... occupera seule ladite location ; toute présence d'autre femme lui est interdite à moins de nouvelles conventions.

« En cas de séparation à l'amiable, la partie qui se retire devra prévenir deux jours à l'avance sans autre formalité.

« Telles sont les conditions des parties

pour être exécutées de bonne foi et d'honneur.

Fait double à Paris, le...

Approuvé :   Approuvé :
(Signé) B...   (Signé) D...

L'écrit, comme on le voit, ne mentionne pas le prix du loyer, car il varie de trois à dix francs par journée, selon le temps, la saison et, comme le fait remarquer spirituellement M. Macé, « les événements politiques ».

La moyenne, pour cette pièce, est de six francs, ce qui constitue déjà un loyer annuel de 2,192 francs, et voilà plus d'un demi-siècle qu'elle est affectée au même usage.

Sur des carnets en possession des contractants, on place la somme payée et reçue.

En réalité, la chambre ne compte pas; la fenêtre seule a de la valeur et se cote.

Les quittances relatives au paiement du mobilier et les actes d'engagement sont fictifs; la contre-lettre seule est valable et renferme exactement les convention débattues et approuvées.

D'après les ordonnances de police, les racoleuses ne doivent pas se montrer à leurs fenêtres. « Dans le langage policier, les hirondelles sont défendues. » Et cependant les *psst! psst!* se font à chaque instant entendre aux oreilles des passants dans certaines rues de Paris.

Pour avoir l'air d'obéir aux règlements la fille des bas quartiers de la ville procède de la façon suivante :

A la jalousie, à demi-relevée, elle attache au moyen de rubans multicolores de petites boules de jardin. Sur le bas de la croisée et jusqu'à la hauteur de la barre d'appui, elle place des fleurs ou des oiseaux arrangés de façon à laisser un vide pour montrer sa tête et faire des signes aux passants.

Près de la gare de l'Est, rue d'Alsace, rue de Metz, faubourg Saint-Denis, faubourg Saint-Martin, faubourg du Temple, les filles font la fenêtre avec moins de retenue. Les unes fument des cigarettes, portent des étoffes voyantes qui les font remarquer par les passants, font des gestes, des appels; d'autres, à la belle saison, prennent l'habitude de se mettre à leur aise toute la journée: en chemise, les seins nus, elles se tiennent assises au bord des fenêtres et provoquent les hommes.

Le soir, l'éclairage exagéré commence par la lampe garnie d'un abat-jour écarlate, vert ou bleu, placée sur un guéridon le plus près du carreau.

La moindre fenêtre rapporte de 30 à 100 francs par jour; mais, pour arriver à ce chiffre, les *hirondelles* sont obligées de racoler à outrance, ce qui scandalise les voisins et motive des plaintes. Les agents veulent opérer des arrestations, mais les filles prudentes réussissent généralement à se cacher chez des voisins complaisants, au moment de l'arrivée de la police.

Lorsqu'elles se font prendre quand même, elles recourent souvent à ce moyen classique : elles se mettent toutes nues et disent aux inspecteurs: « Emmenez-nous maintenant si vous l'osez. »

Il va sans dire que, malgré toutes leur malice, elles finissent par être conduites au Dépôt ; les punitions qu'elles encourent deviennent plus sévères en raison de leur révolte.

Pendant la détention d'une *hirondelle*, sa fenêtre est généralement faite par une amie qui, à la sortie de la titulaire, partage avec cette dernière le produit des travaux qui ont eu lieu pendant son absence.

L'arrestation des filles se livrant au racolage par les fenêtres offre de grandes difficultés : la plus grande consiste dans la présence chez elles d'enfants et d'animaux dont voisins et concierges ne veulent pas se charger.

Les chiens, les chats ou les oiseaux peuvent être mis dehors ou en fourrière; mais les enfants qu'elles peuvent conserver jusqu'à quatre ans, voilà le véritable obstacle.

Dans le cas indiqué, l'humanité oblige la police aux plus grands ménagements. Comment arrêter une fille lorsque son enfant pleure et appelle sa maman?

On les arrête tout de même, mais franchement sans plaisir...

⁂

Les « trucs » dont se servent les agents des mœurs pour arrêter les *hirondelles* sont parfois amusants.

Il y a quelque temps le Préfet de police a reçu d'un «groupe de pères de famille» du quartier Saint-Georges une plainte dénonçant les agissements scandaleux d'une certaine Maria dite « Fesse en l'Air », *hirondelle* de la pire espèce raçolant du matin au soir par la fenêtre de son logement de la rue La Rochefoucauld.

Maria était insatiable. Tout lui était bon : hommes mariés, vieux garçons, jeunes fils de famille, collégiens, séminaristes, curés, officiers, soldats, jusqu'aux concierges du quartier.

Cet éclectisme dans le raccroc fut du reste la cause principale de la plainte du *groupe des pères de famille* du quartier Saint-Georges et voici pourquoi.

Le logement de Maria avait été précédemment habité par une nommé Emma, *hirondelle* douce et tranquille qui s'était fait dans le quartier la spécialité d'hommes mariés qu'elle traitait en enfants gâtés, en les dorlotant de son mieux et en satisfaisant tous leurs caprices.

Pour rien au monde, Emma n'eût accepté de recevoir dans son *home* un monsieur non marié et surtout un étranger, un vulgaire miché de passage n'ayant pas de droits de cité dans le neuvième.

Lorsqu'il lui arrivait d'être accostée dans

la rue par un inconnu qui n'était pas du quartier, elle consentait volontiers à le suivre dans un hôtel meublé. quelconque, mais se refusait énergiquement à le recevoir chez elle.

Emma avait des principes et était fidèle dans ses affections.

Le *nid* de cette *hirondelle* était exclusivement réservé aux pères de famille du quartier Saint-Georges.

Or, un beau matin, Emma tomba malade. Le médecin qu'un de ces *messieurs* fit venir à la hâte déclara que c'était une vieille syphilis mal guérie qui arrivait sans tambour ni trompette.

Cette nouvelle affola les pères de famille du quartier. Ils déléguèrent deux membres. de leur corporation, les plus sérieux et les plus honorables, auprès de leur commissaire de police avec mission de prier ce magistrat d'envoyer Emma. sans retard... à Saint-Lazare.

Il est évident que si Emma, tout en étant malade, était restée plus longtemps dans son logement de la rue La Rochefoucauld, sa présence eût pu avoir, pour les pères de famille du quartier, les conséquences les plus graves.

On sait quelle force de caractère il faut avoir pour échapper à une habitude. La maladie d'Emma n'eût certes pas empêché plus d'un de ces messieurs d'aller lui dire bonjour en passant... Et, dame, une fois qu'on est monté chez une femme!...

C'est pourquoi tous ces messieurs réclamaient avec tant d'énergie l'internement de leur douce amie à Saint-Lazare.

Hélas! ils ne prévoyaient pas quelles seraient les conséquences de leur démarche.

Conformément à leur demande, Emma fut envoyée à Saint-Lazare d'où, après les formalités d'usage, on l'expédia à Lourcine; mais, aussitôt qu'elle fut partie, le propriétaire loua son logement à une autre femme, à Maria Fesse-en-l'Air, qui avait des idées à elle, était très indépendante et refusa net de *marcher* dans les traditions.

— Qu'un micheton soit du quartier ou qu'il n'en soit pas, qu'il soit marié ou non, qu'est-ce que ça peut m'foutre à moi? répondit-elle à ces messieurs qui réclamaient leurs droits.

On comprendra aisément l'indignation des pères de familles du quartier Saint-Georges lorsque Maria eut mis en pratique ses théories sur l'amour vénal.

Considérant sa conduite comme scandaleuse, ils la dénoncèrent à M. le Préfet de police.

Deux agents des mœurs furent chargés de prendre Maria en flagrant délit de racolage par la fenêtre.

L'un des agents en question avait quarante ans, était gros et avait l'air campagnard ; l'autre était jeune, vingt-cinq ans environ, joli garçon.

Pour avoir une preuve réelle de la culpabilité de Maria, voici comment ils procédèrent :

Le jeune se promena pendant quelques instants sur le trottoir faisant face à la fenêtre de Maria. Celle-ci, qui se trouvait derrière ses rideaux, lui fit signe... et il monta...

Lorsque, quelques instants plus tard, après avoir reçu son petit cadeau, Maria se fut mise en devoir de... on frappa à la porte.

— Attends, mon chéri, dit-elle à son pseudo-miché, je m'en vais voir qui c'est.

Et, après avoir endossé un peignoir, elle alla ouvrir.

Le lecteur a compris que c'était notre deuxième agent qui s'amenait.

— Dites donc, dit-il à Maria, vous n'avez pas vu mon neveu?

— Votre neveu? Comment est-il?

— Un joli brun de vingt-cinq ans. On m'a dit dans la rue qu'il venait d'entrer ici.

— Tiens, se dit la jeune femme, c'est peut-être bien le jeune homme qui est dans ma chambre.

Et elle demanda au policier :

— Mais que voulez-vous à votre neveu?

— Ce que je lui veux? répondit l'agent. Je veux l'engueuler. Il était entendu entre nous que nous devions aller ensemble voir une femme pour organiser une rigolade en partie double et à tout casser, et voilà qu'il me pose un lapin. Il monte chez vous tout seul (car je suis sûr qu'il est chez vous) et il me laisse seul dans la rue. En v'là un cochon !

Maria se mit à rire.

— Il y a moyen d'arranger ça, dit-elle à l'agent. Donne-moi dix francs, et nous appellerons ton neveu qui est là, en train de se morfondre. Ce qu'il va être épaté, oh ! là là !...

L'agent remit la pièce à Maria et suivi ses conseils... Son pseudo-neveu parut en effet épaté de voir son « oncle » en compagnie de Maria, tous deux en tenue de paradis...

Pendant plus d'une heure, les deux agents et Mlle Fesse-en-l'Air s'amusèrent comme des bossus.

Puis, *l'oncle* proposa à la jeune femme de la conduire au Bois de Boulogne en voiture. Elle consentit... naïvement.

Ils sortirent tous les trois. On héla un fiacre.

Et lorsque le *neveu* et la demoiselle furent montés, *l'oncle*, en montant à son tour, donna au cocher cette adresse cruelle :

— 36, Quai des Orfèvres.

VIII

Un observateur en train de se promener au Jardin des Plantes y trouve le type féminin qui domine sur toutes les autres habituées des parcs, jardins et squares de Paris. C'est le type de la bonne sans place, vicieuse, ennemie du travail et amie des bêtes.

En se rendant au Jardin des Plantes, elle est à peu près certaine de rencontrer un pays, une connaissance, et de ne pas rentrer seule au logis.

Involontairement, cette catégorie de filles donne naissance à l'apprenti souteneur, gamin de douze à seize ans, un de ces gamins de Paris auxquels des parents insouciants laissent une trop grande liberté.

Ce qui se passe sur la voie publique est loin d'être sain et moral pour la jeunesse; c'est une école de dépravation où les jeunes garçons apprennent le vagabondage et la filouterie en se liant avec des souteneurs et des mauvais garnements de toutes sortes.

Au Jardin des Plantes, pour amuser les filles et se faire remarquer, des jeunes polissons tuent, à l'aide de chasse-pierres, les pigeons ramiers. Sous prétexte de « rigoler », ils crèvent, au moyen de frondes, les yeux des animaux.

La promenade du Jardin des Plantes est celle qui contient le plus d'éléments mauvais, et elle est la moins surveillée.

Les aberrés passionnels qui recherchent la foule se mêlent aux filles et s'adonnent à des actes ignobles devant le palais des singes et la ménagerie des animaux féroces. Quant aux pickpockets, il est facile d'énumérer leurs exploits par la collection de porte-monnaie vides qu'on trouve quotidiennement dans les massifs et les bassins.

* * *

Bref, le Jardin des Plantes est une sorte d'école primaire à l'usage des futures prosti-

tuées de bas étage et des futurs criminels
de la rive gauche.

Ce fait est constaté souvent par les com-
missaires de la ville de Paris devant lesquels
on amène de jeunes vauriens arrêtés sur la
voie publique en compagnie de leurs maîtresses.

— Où vous êtes-vous connus? leur demande
le magistrat.

— Au Jardin des Plantes, répondent les
petits malfaiteurs.

C'est au Jardin des Plantes que Marchandon, l'assassin de célèbre mémoire, fit la
connaissance de sa maîtresse, Jeanne Blin,
qui, après la mort de son amant guillotiné
place de la Roquette, était devenue une des
curiosités du Paris vicieux.

Marchandon avait dix-huit ans et était
valet de pied dans une riche maison bour-
geoise, lorsqu'un jour de sortie il alla se
balader au Jardin des Plantes. Il y rencontra
Jeanne Blin, qui avait à ce moment scize
ans et venait de perdre sa place de petite
bonne à tout faire, prise en flagrant délit
d'indélicatesse à l'égard de ses patrons.

Devant la fosse aux ours, ils causèrent.

5.

La jeune fille trouva le jeune homme à son goût; le jeune homme se sentit « quelque chose » pour la petite.

Après avoir échangé leurs impressions sur les animaux sauvages en général et sur les ours en particulier, que Marchandon trouvait très « bath », ils allèrent prendre un verre chez un marchand de vin de la rue Linné.

— Vous n'avez pas d'amoureux? demanda à Jeanne son nouvel ami.

— Non.

— Comment ça s'fait-il... jolie comme vous êtes?

— Ben, j'sais pas, les hommes me dégoûtent, ils sont trop lâches...

— Pas tous, répondit Marchandon, j'en connais qui ne le sont pas...

— Oh! là là! ça s'dit comme ça. Les gars aiment bien se vanter devant les filles et faire leurs épateurs, mais ils fichent le camp comme des lièvres à la vue d'un agent. Moi, pour que j'aime un homme, il faudrait qu'il n'ait peur de rien et qu'il soit capable de faire n'importe quoi pour me faire plaisir.

Ce langage plut énormément à Marchandon.

— T'es pas une fille ordinaire, dit-il à Jeanne. Ecoute, veux-tu te mettre avec moi? Dis pas non, t'aurais tort... J'ai pas froid aux yeux, moi, tu verras...

— Tu ferais tout pour moi?

— Tout... ma parole...

— C'est bien vrai?

— Puisque je te dis. Si tu veux te ma- rier [1] avec moi, t'auras des toilettes comme une princesse. T'auras tout ce qu'il te plaira... J'suis pas un homme à reculer devant le danger, moi, et je serais capable de refroidir un type comme un lapin pour t'apporter de la galette... Car t'es *bath* comme pas une, tu sais...

Jeanne regarda son admirateur avec des yeux tendres, pleins d'émotion.

— Oh! je t'aimerai bien, lui chuchota- t-elle à l'oreille, si je vois que tu ne te moques pas de moi.

— Tu verras, lui répondit Marchandon.

Jeanne Blin, étant sans place, demeurait à ce moment dans un hôtel meublé de la rive gauche. Elle y conduisit Marchandon et, con-

---

1. Se mettre ensemble.

fiante, se donna à lui. Le lendemain même, le jeune domestique volait dix mille francs à ses patrons et partait avec Jeanne en province où ils restèrent tranquillement plusieurs semaines à l'abri des recherches de la police.

Puis, commença pour Marchandon et Jeanne Blin une existence pleine d'aventures. Dans ces quelques mois, Marchandon, grâce à des certificats falsifiés, entrait en place, comme valet de pied ou valet de chambre, soit à Paris, soit en province, toujours sous un nouveau nom, ça va sans dire.

Il ne restait généralement pas en sa nouvelle place plus de quinze jours. Il commettait un vol et s'enfuyait précipitamment.

Grâce au produit de ces vols périodiques, Marchandon put acheter une villa à proximité de Paris, où il installa Jeanne Blin.

Il fit meubler cette propriété avec un véritable luxe par un tapissier parisien, se paya un cheval et un break anglais. L'ancienne bonne prit à son service une domestique âgée qui croyait entrer en place chez des gens *très bien*.

En effet, Marchandon se faisait passer pour un fils de famille en train de croquer son héritage avec une horizontale de grande marque.

Après chaque nouveau vol, il rentrait dans sa villa et passait quelques semaines en compagnie de sa maîtresse.

Il se fit arrêter le jour où, ne se contentant plus de voler, il assassina une vieille dame qui l'avait pris à son service.

Arrêtée à son tour, à la suite des aveux de Marchandon, Jeanne Blin le chargea sans pitié, et comme son amant déclara qu'il avait *travaillé* seul sans aucune complicité de sa maîtresse, celle-ci fut mise en liberté.

Marchandon paya son crime place de la Roquette; Jeanne Blin profita du bruit fait autour de son nom pour se lancer dans la prostitution *chic*.

Elle fut, pendant quelque temps, très recherchée par de vieux messieurs dans les maisons de rendez-vous.

On connaît l'histoire d'un prince royal qui, lui aussi, voulut serrer dans ses bras l'ancienne maîtresse de Marchandon, seulement Jeanne Blin étant à ce moment absente de Paris (elle venait de partir pour Varsovie en compagnie d'un comte polonais), la pro cureuse à qui Son Altesse s'était adressée, lui présenta une fausse Jeanne Blin que Monseigneur aima un soir et qu'il paya assez cher.

Jeanne Blin eut tort de rester trop longtemps à l'étranger avec son boyard. On l'oublia à Paris. Et lorsqu'elle revint sur les bords de la Seine, elle ne trouva plus que des michés à vingt francs.

Plus tard, elle tomba à cent sous... et elle mourut dans la gêne.

Elle est morte à l'hôpital, phtisique.

Ses derniers mots furent :

— Marchandon!... Chéri!...

IX

Dans le langage des filles, la prison de
Saint-Lazare s'appelle « Saint-Laz ». On sait
que la fille publique prise en flagrant délit
de racolage est arrêtée et, après avoir été
dirigée tout d'abord sur le Dépôt de la
préfecture, est envoyée ensuite à Saint-
Lazare.

Du reste, on aurait tort de se figurer que
Saint-Lazare est réservé spécialement aux
filles. Loin de là, c'est une prison pour les
femmes en général, et le fait d'avoir séjourné
à Saint-Lazare n'est pas du tout infamant.

Ainsi, une femme qui tirera un coup de
revolver sur son amant, fait délictueux, mais
point déshonorant, ira à Saint-Lazare, et y
attendra, durant plusieurs semaines ou plu-

sieurs mois, sa comparution — et son acquittement — en cour d'assises.

Il est bon d'ajouter toutefois que les filles ramassées par la police sur la voie publique représentent la majorité des pensionnaires de Saint-Lazare.

— Ah ! comme on pourrait bien *travailler* à Paris, me disait un jour une vieille garde de la prostitution, si « Saint-Laz » n'existait pas.

En effet, un séjour à Saint-Lazare, de si courte durée qu'il soit, nuit toujours énormément à une fille. Elle s'absente de son quartier, perd sa clientèle, ne peut s'acquitter envers son propriétaire et ses fournisseurs, étant exposée pendant ce laps de temps à un repos forcé.

Tout le monde sait quel rôle énorme joue la guigne dans l'existence humaine. Tel homme, très intelligent, très travailleur, n'arrive à rien parce qu'il a la guigne ; telle retapeuse, jeune, jolie et roublarde, ne fait cependant pas d'argent. A qui la faute ? A la guigne. Une autre se fait périodiquement prendre dans des rafles, tandis que ses camarades y échappent. Encore la guigne.

J'ai connu une fille de quarante ans qui,

en vingt ans, a séjourné cinq cents fois à

Saint-Lazare, ce qui fait une moyenne de deux fois par mois.

— On me connaît à Saint-Laz, disait-elle.

J'y suis comme chez moi. *J'y fais la pluie et le beau temps.*

Si l'envoi à Saint-Lazare d'une fille lui fait un grand tort dans l'exercice de son commerce, il frappe également d'une façon très cruelle le souteneur de la dite dame.

Le marlou qui, tant que sa marmite travaille, s'adonne, la plupart du temps, aux délices de la paresse et ne fait un mauvais coup que lorsqu'il y est absolument forcé, devient, au contraire, un malfaiteur des plus dangereux lorsque l'arrestation de sa maîtresse lui enlève ses moyens d'existence.

En partant de là, on arriverait à ce résultat qui paraît bizarre au premier abord : en sévissant contre la prostitution on augmente le nombre de crimes et délits.

Dans la conversation entre les filles, deux mots se répètent à chaque instant, deux mots magiques : la *rousse* et *Saint-Laz.*

En effet, la police et la prison de Saint-Lazare jouent un rôle réellement prépondérant dans la vie d'une femme publique.

Elle voudrait parvenir à les écarter, et elle ne peut pas y arriver. L'agent de mœurs et la prison la guettent au passage et s'en emparent.

Sans faire du sentimentalisme, avouons
qu'une grande partie des filles qu'on envoie
à Saint-Lazare sont dignes de pitié. Elles font
leur triste métier sans grand plaisir, vraiment. Et pour ce que ça leur rapporte, la
plupart du temps, elles feraient mieux,
franchement, de se mettre domestiques au
lieu de s'adonner à la « noce ». Mais voilà!
Une fois qu'on a embrassé la carrière du
déshonneur, on n'a qu'à continuer...

Les pauvres filles continuent donc leur
métier... jusqu'au jour où elles sont envoyées
à Saint-Lazare.

Le départ d'une fille pour Saint-Lazare
présente quelquefois un côté vraiment dramatique. Elle pleure, supplie les agents de la
laisser tranquille, se lamente. Les agents, de
par leur métier, doivent rester inflexibles.
Aussi, emballent-ils la fille, malgré ses pro-
testations et ses cris.

L'amant de cœur, assis chez le troquet du
coin, se lamente, lui aussi, et noie son cha-
grin dans une verte.

*
**

Rien de curieux comme les abords de

Saint-Lazare. Ils sont remplis de souteneurs qui attendent la sortie de leurs marmites. Et avec quelle joie l'homme et la femme se rencontrent après quelques semaines ou quelques mois de séparation !

La pauvre fille se jette dans les bras de son Alphonse; souvent, elle pleure à chaudes larmes, telle une petite fille rentrant chez ses parents, de pension.

C'est que, il ne faut pas l'oublier, neuf fois sur dix, la fille aime réellement son marlou. L'âme de la prostituée est basse, mais en même temps très sentimentale, oscillant entre la dépravation la plus immonde et les rêves les plus naïvement idylliques.

Vous vous rappelez la célèbre chanson de Bruant : *A Saint-Lazare,* où l'héroïne du poète dit à son amant en lui écrivant de prison :

J'finis ma lettre en t'embrassant
Adieu mon homme,
Malgré qu'tu soy' pas caressant
Ah ! j't'ador' comme
J adorais l'bon Dieu, comm'papa
Quand j'étais p'tite,
Et qu'j'allais communier à
Sainte-Marguerite.

En ces quelques vers, Bruant a su jeter une véritable lumière sur l'âme de la fille.

Si vous désirez avoir un document humain réellement intéressant, cher lecteur, allez assister à la sortie de Saint-Lazare d'une femme publique, attendue à la porte par son amant. Vous ne regretterez pas votre dérangement.

X

LA « VEUVE »

On sait que, dans l'argot, la « Veuve » veut
dire la guillotine.

Le bourreau est le mari de la Veuve, et les
« gars » *fauchés* sont ses amants.

Dans le monde des escarpes et des filles, la
« Veuve » joue un rôle capital (sans aucun
jeu de mots). On en parle au dessert, entre
amis, comme dans le monde bourgeois on
parle d'un petit voyage en Suisse...

Il en résulte clairement que ces messieurs
des bas-fonds ont des vues beaucoup plus
larges que les représentants de *Pot-Bouille*.
On a beau dire, un voyage vers l'Éternité
dans les bras de la Veuve a un caractère autrement grand qu'une excursion au mont
Blanc.

Je vais donner ici, pour les personnes qui n'y ont jamais assisté, la description d'une exécution capitale.

Lorsqu'un criminel a été condamné à la peine de mort et que le Président de la République a rejeté son pourvoi en grâce, le Parquet prend — le jour même du rejet dudit pourvoi — les dispositions nécessaires afin que l'exécution ait lieu le lendemain matin, au petit jour.

A cet effet, des ordres sont donnés : 1° à l'exécuteur des hautes-œuvres, de se transporter avec sa machine sur la place publique où l'exécution doit avoir lieu (on sait que jusqu'à ces derniers temps, les exécutions avaient lieu place de la Roquette), de prendre possession du condamné et de lui trancher la tête selon les règles du Code et les usages de la pratique; 2° au Préfet de police, de prendre les mesures nécessaires pour assurer l'ordre dans la rue avant, pendant et après l'exécution.

A cet effet, à partir de dix heures du soir, les rues avoisinant la place de l'exécution sont barrées par des cordons d'agents des brigades centrales. En outre, la place est gardée militairement par la garde de Paris et la gendarmerie.

Le fourgon avec les bois de justice arrive vers une heure ou deux heures du matin, selon la saison.

Le bourreau, accompagné de ses aides, monte la guillotine, fait des essais pour s'assurer du bon fonctionnement du couperet... et attend le moment où on l'appellera pour faire la toilette suprême du condamné.

Un quart d'heure avant l'exécution, — entre trois heures et demie et six heures et demie du matin environ, selon la saison, — le directeur de la prison, accompagné du procureur de la République ou de son substitut, du chef de la Sûreté et du commissaire de police du quartier, entre dans la cellule du condamné, le réveille et lui annonce que son pourvoi en grâce a été rejeté.

La formule de ce « boniment », selon l'expression de nos amis des bas-fonds, est toujours la même :

— Un tel, levez-vous ! M. le Président de la République a rejeté votre pourvoi en grâce... Du courage, mon ami !

Le condamné, réveillé en sursaut, saute en bas du lit.

— Alors?... c'est... demande-t-il d'une voix plus ou moins émue (question de tempérament).

— Oui... l'heure de l'expiation est arrivée...

A ce moment, deux inspecteurs de la Sûreté s'approchent du prisonnier et lui passent ses vêtements qu'on lui avait retirés le jour de son entrée en prison, après la condamnation. En effet, la loi veut qu'un condamné à mort soit exécuté dans ses vêtements à lui et non pas dans le costume de la prison.

Cette première toilette dure quelques instants à peine. Puis on conduit le condamné au greffe, où l'attend l'aumônier... et le bourreau avec ses deux lieutenants. Les représentants de la Justice remettent le condamné entre les mains de l'exécuteur des hautes-œuvres qui en prend possession, en foi de quoi il pose sa signature sur le registre de la prison. Cette levée d'écrou terminée, M. de Paris s'empare d'une paire de ciseaux et coupe à son client le col de sa chemise pour faciliter l'œuvre de la Justice. Ensuite, on lui rase les poils du cou, susceptibles de gêner le couperet, après quoi les aïdes du bourreau le ligottent.

Puis c'est le tour de l'aumônier. Il s'approche du patient... et lui parle du bon Dieu.

Et le cortège funèbre, composé de magistrats, de policiers, du bourreau et de l'aumônier, cortège au milieu duquel se trouve le patient, soutenu par les aides du bourreau, se met en marche. On le voit apparaître à la porte de la prison dont les deux battants s'ouvrent brusquement...

Les gendarmes mettent sabre au clair, les journalistes et les personnes admises dans l'enceinte réservée se découvrent... on amène le condamné au pied de la guillotine... on le jette dessus... le bourreau s'assure personnellement s'il est bien couché... appuie sur le bouton... et la justice humaine est satisfaite.

Le corps du décapité, jeté dans un panier, est mis dans un fourgon et transporté, sous escorte, au cimetière d'Ivry où a lieu l'inhumation officielle.

Sauf une opposition de la famille, le corps est généralement réclamé par la Faculté de médecine et soumis à des expériences.

Les journalistes et les personnes munies de cartes sont seuls admis dans l'enceinte réservée. La foule est placée hors ladite enceinte d'où elle ne peut voir que fort vaguement les péripéties de l'exécution.

Elle doit se contenter de manifester bruyamment, de chanter, boire, manger et faire du boucan.

Cette foule avide de sensations est composée principalement d'escarpes de la pire espèce, des filles publiques de la dernière catégorie, d'assassins du lendemain... et de la veille.

Si le condamné est sympathique à ces gens-là, s'il n'a pas eu froid aux yeux le jour du procès, s'il s'est montré crâne et insolent envers le tribunal; si, en un mot, il a réussi à se faire la réputation d'un gaillard, *d'un gars comme il en faudrait beaucoup pour donner le bon exemple aux autres; d'un type qui n'a pas peur de la Veuve,* on plaint son sort, on l'acclame, on compose des complaintes en sa faveur. Si, au contraire, il a *flanché,* s'il a pleuré et mendié la pitié de ses juges, bref, s'il n'a pas su être à la hauteur de son rôle d'assassin, dont la première qualité devrait être d'avoir du courage, on le siffle, on le hue et l'on hurle à tue-tête :

C'est ta poire, ta poire, ta poire !
C'est ta poire qu'il nous faut !
Oh, oh, oh !

Cette chanson fut vociférée place de la Roquette trois nuits de suite lors de l'exécution de Pranzini, de fameuse mémoire.

Pranzini n'était pas poltron... mais il était étranger.

Et voilà où le patriotisme vient quelquefois se nicher...

6.

XI

FLAGRANTS DÉLITS

Au début de chaque audience, avant d'arriver aux affaires plus sérieuses, le tribunal correctionnel a l'habitude d'expédier les « flagrants délits », c'est-à-dire de juger en *cinq secs*, les individus arrêtés en flagrant délit, la veille ou le jour même de l'audience et expédiés par la police au Palais de justice.

Que de choses pittoresques on voit dans ces flagrants délits ! Que d'études graves ou humoristiques pour un romancier ou un auteur dramatique !

En dehors de vols aux étalages, de batteries et d'outrages aux agents, ce sont les outrages à la pudeur qui occupent une grande partie de ces séances correctionnelles.

Les prévenus de ce délit sont, la plupart du temps, des vieillards. Ils ont la manie de montrer aux femmes — très souvent à de toutes petites filles — ce que la pudeur sociale ordonne de cacher.

— Un tel, levez-vous! dit le président. Vous êtes accusé d'avoir omis de boutonner votre pantalon en sortant d'un urinoir, boulevard Barbès. Mme X..., ici présente, passait à côté avec sa petite fille; indignée de vous voir dans un tel état, elle vous signala à des gardiens de la paix qui vous arrêtèrent et conduisirent au commissariat. Qu'avez-vous à répondre?

— Mon président, j'ai à répondre que je n'avais pas pu me boutonner, vu que le bouton de mon pantalon avait sauté.

— Mais vous étiez... tout découvert...

— Bien sûr, mon président, je n'avais pas de chemise...

— Vous étiez sorti sans chemise?...

— Certainement, je l'avais portée la veille au mont-de-piété.

Coût : quinze jours de prison.

***

Autre tableau dans le même genre:

Un ouvrier maçon, Léon B..., ayant reçu congé du logement qu'il occupait rue de Crimée, à la Villette, refusa au concierge de faire visiter sa chambre aux personnes désireuses de la louer.

D'où une série de discussions.

— Vous n'avez pas le droit de m'empêcher d'entrer chez vous pour faire visiter votre logement, disait le concierge.

— Si, j'ai le droit de défendre à qui que ce soit d'entrer dans mon domicile, répondait le locataire.

— Eh bien! moi, j'entrerai quand même! riposta le concierge.

— Nous verrons ça.

— Nous verrons.

En effet, le lendemain matin, au moment où Léon B... s'habillait pour s'en aller à son travail, on frappa à sa porte.

— Qui est là? demanda Léon.

— Le concierge.

— Que me voulez-vous?

— Je veux faire visiter votre chambre.

— N'entrez pas!...

A peine Léon B... eut-il prononcé les mots

« N'entrez pas ! » la porte s'ouvrit brusque-

ment et le concierge apparut, suivi de deux femmes.

Mais aussitôt il recula épouvanté, pendant

que les deux femmes se sauvaient en criant.

Voici le spectacle qui s'était présenté à leurs yeux :

Léon B... se tenait au milieu de la pièce, à moitié courbé, le dos tourné contre la porte d'entrée et la chemise relevée...

On aurait dit la pleine lune...

Lorsque, sur la réquisition du concierge, deux agents arrivèrent pour procéder à l'arrestation de Léon B..., celui-ci eut le toupet de leur défendre l'entrée de son logement.

— Allez chercher le commissaire, leur dit-il, ou montrez-moi un mandat d'amener.

Les gardiens de la paix, respectueux de la loi, durent s'incliner.

— Mais pourquoi q'vous avez montré votre derrière à votre pipelet ? demanda à Léon B... l'un d'eux, pendant que l'autre allait prévenir le commissaire.

— Je suis libre de faire chez moi ce qui me plaît. J'avais défendu à cet homme d'entrer ; il entra quand même, tant pis pour lui et pour les bonnes femmes qui l'accompagnaient. Ces gens-là ont violé mon domicile, j'ai eu bien le droit de violer leurs yeux...

Le commissaire de police ne partagea

point cette façon de voir, fit arrêter Léon B...
et l'envoya au petit parquet qui le fit tra-
duire en police correctionnelle.

Léon B... fut condamné à un mois de prison pour outrage à la pudeur.

*
* *

Il existe des hommes à sales passions qui
ne trouvent pas de joie plus grande que celle
de montrer dans la rue à une femme qui
passe ce que la loi leur ordonne de cacher...

Certaines femmes — la majorité — font
celles qui n'ont rien vu, lorsque le hasard
leur fait rencontrer un individu de cette
espèce ; mais il y en a qui prennent la chose
au tragique, appellent des agents et font
arrêter l'homme qui les a outragées.

Et, dans ce cas, l'homme est toujours tra-
duit en police correctionnelle. La plupart du
temps, il invoque des circonstances atté-
nuantes enfantines ; l'excuse la plus fréquente qu'il donne est, soit l'état d'ébriété
dans lequel il dit s'être trouvé au moment
du délit, soit... la distraction.

— Je suis si distrait, monsieur le président,

que je n'avais pas remarqué que mon pantalon s'était déboutonné et que...

— Voyons, fait remarquer le président, il faisait vingt degrés au-dessous de zéro... vous auriez dû sentir le froid, si l'acte que vous aviez commis n'avait pas été volontaire.

— Je vous jure, monsieur le président, je ne sentais rien... Je suis tellement distrait... et puis j'étais si pressé!...

Des réponses de cette espèce qui arrivent plus souvent qu'on ne le croit dans les affaires de ce genre-là amusent toujours énormément le public.

La gaieté de la salle se communique souvent aux juges, et même au ministère public qui se gondole parfois sur son siège comme un bossu, pris de véritables quintes d'un rire fou. Cela ne l'empêche pas, ça va sans dire, de requérir contre le prévenu qui, dans ces sortes d'affaires, est presque toujours condamné à une peine qui varie entre quinze jours et trois mois de prison.

*
* *

Avec l'outrage à la pudeur, le vol à l'étalage est le délit le plus fréquent que les tribunaux correctionnels aient à juger dans la série des « flagrants délits »..

Dans les grands magasins de Paris, ces immenses bazars que tout le monde connaît, les vols se produisent quotidiennement sur une très grande échelle.

Combien de cadeaux proviennent d'objets volés dans un magasin, surtout à l'approche du jour de l'an et au moment d'une grande exposition !

Les femmes, les flâneurs, les amoureux accourent en foule à ces expositions mensuelles, devenues un centre d'opérations pour les voleurs et les agents de police.

L'expérience a démontré que les agents de la Sûreté et les employés chargés de la surveillance des étalages dans les grands magasins arrivent à capturer à peine le quart des voleurs et des voleuses.

Pour éviter toute erreur, jamais une arrestation n'est faite qu'après le deuxième vol commis par la même personne. Les agents de police n'opèrent généralement qu'aux abords et à l'extérieur d'un magasin ; à l'intérieur, le service de police est fait par les

7

employés de la maison, presque tous d'anciens inspecteurs de la Sûreté, retraités.

La personne prise en flagrant délit de vol par ces derniers est déférée au conseil d'administration, convoqué instantanément par une sonnerie électrique, bien connue du personnel.

Le conseil statue sur son sort, après l'avoir fait préalablement fouiller. Si elle ne conteste pas, reconnaît le délit, prouve son identité, on lui demande, par écrit, l'engagement d'indemniser le grand magasin, tout en autorisant, par ce même écrit, l'un de ses délégués à se livrer, chez elle, à des recherches sans l'intervention de l'autorité judiciaire.

Dans cette visite domiciliaire, les marchandises neuves sont seules reprises; selon son rang, sa position, sa fortune, la femme incriminée verse une somme pour les pauvres, somme variant entre cinq francs et dix mille francs.

Si des contestations surgissent, les membres du conseil d'administration maintiennent la délinquante en état d'arrestation, et la font conduire chez le commissaire de police.

Ce magistrat fait aussi son triage. A la

Préfecture et au Parquet, le même travail se produit. En dehors de malfaiteurs de profession, on ne poursuit pour le vol aux étalages que les voleurs et les voleuses de petite marque. La femme du monde qui s'est laissé entraîner est généralement remise en liberté, surtout si elle est arrêtée pour la première fois. On l'admoneste et c'est tout.

On ne croirait jamais le nombre de gens qui ont la monomanie du vol. Toutes les classes de la société y sont représentées. Du côté des hommes, près des plus vulgaires filous, se trouvent des personnalités occupant des situations importantes ; du côté des femmes... on rencontre une ouvrière sur cent mondaines, demi-mondaines et actrices,

Ah! que de *petits papiers* restent enfouis dans les dossiers des Conseils d'administration des grands magasins de nouveautés: Que de noms connus pourraient nous être révélés par les *fouilleuses* de ces maisons!...

Pendant que les femmes du monde qui ont volé des dentelles s'arrangent à l'amiable avec le magasin où elles ont commis leur vol,

la fille de bas étage qui a soustrait un objet
sans valeur dans un bazar populaire est tra-
duite en police correctionnelle.

Les flagrants délits de vols aristocratiques
sont étouffés neuf fois sur dix; les flagrants
délits démocratiques sont taxés à tant de
semaines de prison...

XII

VOLS A L'ÉTALAGE ET VOLS A L'AMÉRICAINE

Les voleurs à l'étalage entrent dans la catégorie des voleurs subalternes.

C'est un métier qui ne rapporte pas lourd par le temps qui court.

Les étalages des bazars et des boutiques sont gardés par des employés malins qui ont de l'œil et il faut avoir un talent supérieur pour échapper à leurs griffes.

Et puis, même si on a de la chance, on n'arrive qu'à voler des objets de peu de valeur que les recéleurs n'achètent qu'avec dédain et presque pour rien.

Le métier de voleur à l'étalage est donc un fichu métier. Il demande beaucoup d'adresse, présente de très grands risques et ne rapporte que des bénéfices absolument minimes.

La plupart de ceux qui s'adonnent à ce travail ne le font, pour ainsi dire, qu'en attendant. Lorsqu'ils arrivent à se nipper, à se payer des frusques à peu près convenables, ils se lancent dans l'art « américain » ou se font pickpockets...

***

Disons tout de suite qu'il ne faut pas confondre le vol à l'américaine avec le vol dit « au charriage » ou à « l'enfouissement », vols faciles, s'opérant à l'aide de boniments grossiers auxquels les imbéciles de la dernière catégorie, seuls, se laissent prendre encore.

Les vols *au charriage* nécessitent le concours de trois compères.

Le premier remplit le rôle de « leveur », de « jardinier » : c'est le *charrieur*. Sa mission consiste à trouver le « pigeon » pourvu d'argent et qu'il croit bon à dévaliser. Il le *lève* et le *jardine*.

Le second joue le rôle d'un voyageur étranger. Il doit avoir l'air prévenant, les manières engageantes et un costume de voyage complété d'une sacoche pendue en bandoulière.

Le troisième compère est invisible; il se contente de suivre les deux autres : on l'appelle *utilité*.

Le « voyageur » suit le « charrieur » jusqu'au moment où celui-ci est en possession de son « pigeon ». Lorsqu'il s'aperçoit que ce dernier paraît suffisamment lié avec le premier, il s'approche de celui-ci, le salue poliment et le prie de lui indiquer soit une église, soit un consulat, soit une institution quelconque aussi éloignée que possible de l'endroit où ils se trouvent.

Le « charrieur » indique au « voyageur » les rues qu'il faut traverser pour s'y rendre, mais le faux étranger paraît ne pas comprendre et, sortant de son gousset une pièce d'or étrangère, il l'offre au « charrieur » pour lui montrer le chemin.

Après avoir hésité pour la forme, le « charrieur » finit par accepter. Il engage le « pigeon » à venir avec eux, en lui faisant remarquer que c'est une bonne aubaine puisqu'ils se partageront le prix de la course. Le « pigeon » accepte et l'on se met en route.

La course terminée, le « voyageur » qui

était entré dans une église, dans un consulat ou un ministère, pendant que ses compagnons l'attendaient dans la rue, et qui en est ressorti quelques instants après, invite le « pigeon » et le « charrieur » au café. On boit, on cause, on reboit. Finalement le « voyageur » déclare qu'il voudrait... s'amuser un peu avec des demoiselles. Le « charrieur » sourit en dessous au « pigeon » qui, allumé par la boisson, approuve l'idée du « voyageur ».

Alors le « charrieur » annonce à ses compagnons qu'il connaît un endroit où l'on peut s'amuser à bon marché avec des jeunes personnes très jolies et prêtes à toutes les exigences des messieurs.

On sort du café, on monte en voiture et l'on se rend dans une maison publique des fortifications.

Avant d'y pénétrer, le « charrieur » se frappe tout à coup le front avec sa main et s'écrie, en s'adressant au « voyageur » :

— Nom d'un chien, je n'y pensais plus. Si vous avez de l'argent sur vous, il vaut mieux le mettre en lieu sûr avant d'entrer

dans cette maison. Vous comprenez, les pensionnaires en sont charmantes, mais dame,

je ne réponds pas de leur honnêteté.

Le « voyageur » trouve l'objection de
son copain fort juste et lui demande de lui

7

indiquer un endroit où il pourrait cacher les valeurs qu'il porte sur lui.

— Mais c'est fort simple, répond le « charrieur ». Nous n'avons qu'à les enfouir dans un des fossés des fortifications attenant aux bureaux de l'octroi. Nous reviendrons les chercher tout à l'heure.

Cette idée est acceptée par le « voyageur ». On creuse le trou et, au moment où le faux étranger y place sa sacoche, le « pigeon » manque rarement de vouloir y joindre son portefeuille, d'autant plus que le « charrieur » lui-même y dépose son porte-monnaie.

Ensuite on laisse à l'endroit où le magot a été enfoui un signe quelconque et l'on va « rigoler ». Au moment de payer les consommations servies dans la maison de filles, le « voyageur » s'aperçoit qu'il est dépourvu d'argent. Il s'en désole et finit par remettre au « pigeon » une petite clef, le priant de se rendre sur les fortifications et de retirer de sa sacoche un des rouleaux d'or.

Le « pigeon », très flatté de cette marque de confiance, se rend à la cachette et y aperçoit... un trou vide : c'est le troisième compère de la bande, l'*utilité*, qui a rempli son office, en déterrant les objets cachés et s'en emparant.

La victime court prévenir ses compagnons, mais ceux-ci ont disparu. Il ne lui reste plus qu'à porter plainte au plus proche commissariat de police.

Comme on le voit, le vol au *charriage* est très simple et il faut vraiment être doué d'une forte dose de bêtise pour s'y laisser prendre. Le vol à l'*américaine* est beaucoup plus compliqué.

Son fonctionnement mérite d'être connu ; on ne se figure pas ce qu'il est.

La direction en est confiée à l'aristocratie de la *haute pègre*.

C'est un bouquet de malfaiteurs dans lequel toutes les nationalités sont représentées, même le vide-gousset anglais, qui ne travaille d'ordinaire qu'avec ses compatriotes.

L'association est vaste, parfaitement organisée, et les résultats sont plus importants que ceux obtenus par la fleur des pickpokets.

Les voleurs à « l'américaine » de profession

se tiennent à l'affût aux abords des grandes
gares, où arrivent les étrangers qui se dis-
posent à rentrer dans leur pays natal pour
s'y établir avec leurs économies gagnées à
force de travail et de privations. Les victimes sont en général des gens ignorants,
des manœuvres, des paysans, satisfaits de
revenir après bien des années d'absence.

L'organisation corporative de ces grands
malfaiteurs est telle que ses principaux
membres ne font que les voyages des deux
Amériques en Europe : cela leur permet
d'entrer en connaissance avec les passagers
et le personnel des bateaux ; c'est ainsi
qu'ils parviennent à se renseigner exactement sur les personnes qui peuvent être
volées avec facilité.

Le plus souvent, ils n'effectuent pas le
trajet en entier; à l'aide des renseignements
qu'ils ont obtenus, une dépêche chiffrée est
envoyée à leurs associés, elle contient le si-
gnalement de la future victime et toutes les
données nécessaires pour la dépouiller.

Les indications sont si précises que le vol
se pratique quelquefois par l'emploi de deux
sacoches pareilles dont l'une, avec une dex-

térité remarquable, est substituée à l'autre ;
et le volé, arrivé à destination, découvre, à la
place de son argent, des cailloux et des rouleaux d'étain.

Quand la personne signalée par dépêche
débarque du bateau ou descend de chemin
de fer, elle voit s'avancer, selon sa nationa-
lité, un Italien, un Anglais, un Allemand ou
un Français, qui se charge de gagner sa
confiance. Il porte le costume du voyageur
attendu et se présente comme un compatriote : c'est ce qui explique que, dans le vol
à l'américaine, les malfaiteurs de tous les
pays sont alliés, mêlés, pour opérer son exploitation sur une grande échelle.

Le principe de ce vol est la confiance :
tout repose sur elle. Il faut que le guide qui
s'offre au voyageur ne néglige rien pour
l'obtenir. Il se fait habituellement passer
pour un homme riche, bienfaisant, désireux
de le protéger ; il lui parle, dans sa langue
nationale du pays, du village, de la famille
et l'émeut en faisant vibrer les cordes sen-
sibles que lui ont fait connaître ses complices d'outre-mer.

La future victime, contente de rencontrer

une providence inespérée, est convaincue
par le langage, par la tenue, qu'elle a trouvé
un compatriote, presque un frère, ou tout au
moins un homme doué des meilleurs qualités ; elle devient comme les enfants du
peuple, expansive, elle raconte son passé,
ses projets d'avenir qui doivent en se réali-
sant lui procurer le repos, le bonheur et la
tranquillité.

A ce moment, un agent de la Sûreté serait
mal reçu en voulant avertir le malheureux
du piège dans lequel il va tomber, tellement
le bandeau qui lui couvre les yeux devient
impénétrable aux rayons de la vérité.

Pour justifier leur présence à Paris, ou
dans les ports de mer, les voleurs, qui tous
ont soi-disant fait leur fortune dans le commerce, l'industrie, la banque, déclarent y
être venus pour recueillir un héritage. Les
inventaires sont longs et les formalités à
remplir n'en finissent pas. C'est ainsi qu'ils
endorment petit à petit leur homme.

A l'hôtel, où il a été chaudement recom-
mandé, ses dépenses sont payées comme le
sera le prix du dernier transport qui doit le
ramener au milieu de ses parents.

La future victime, ensorcelée par tant de bons offices, commence à se laisser entraîner.

Le faux bienfaiteur en profite et pousse la sollicitude jusqu'à lui dire : « Prenez garde aux voleurs, Paris en foisonne, on vous surveille, des malfaiteurs peuvent se jeter sur vous et prendre votre argent. Ils sont rarement arrêtés et vous n'avez plus qu'à dire adieu à vos économies, car si la Police retrouve quelquefois les voleurs, soyez persuadé qu'ils n'ont plus rien sur eux. Agissez donc comme bon vous semblera, vous êtes averti ; je vous parle en compatriote, en ami. Croyez-moi, vous ferez bien de me confier votre argent, vous n'en avez pas besoin puisque je solde vos dépenses et que je ne vous quitte pas. »

Le voleur touche presque à son but, il se voit déjà le maître de la sacoche si longuement convoitée ; il a, par persuasion, semé l'inquiétude dans l'âme de sa victime ; il va frapper le coup décisif en continuant à l'émouvoir par des histoires de vols exécutés avec une audace exceptionnelle.

— Moi, dit-il, en voyant le bonhomme terrifié, on ne m'en remontre pas ; grâce aux précautions que je prends, j'ai su éviter dans mes nombreux voyages la visite des escrocs et des voleurs.

Ému, troublé par une variété de sentiments différents, les valeurs sortent enfin des mains de son légitime propriétaire et passent douce- ment, sans secousses, dans celles de l'habile voleur. Celui-ci n'a plus qu'un mobile : ter- miner par la fuite ; c'est alors qu'il remet vingt francs à sa dupe en la priant, pour gagner du temps, de choisir des cigares, de bons londrès, noirs, secs, tachetés de blanc, puis il monte dans la première voiture et disparaît.

Ces vols à l'américaine sont si étranges, que le public les attribue à l'imagination féconde des journalistes.

L'Italien, comme dans beaucoup d'autres manières de voler, occupe le premier rang. Il l'emporte en finesse et en stratagème ; c'est avec une adresse qui lui est toute personnelle qu'il dirige ce vol, sans se départir une seule minute de l'imperturbable sérieux qui le caractérise, même dans les farces les plus drôles. Il possède la verve, je dis le mot : *la blague* nécessaire pour mener à bonne fin une pareille entreprise. L'Italien a toujours eu le génie de l'intrigue joint à une souplesse presque orientale.

Quand il tient le sujet bon à dévaliser, il faut le suivre et le voir manœuvrer avec ses complices.

Leur tactique est admirable. Ils commencent par s'échelonner le long des rues, et guettent en même temps la police et le pilote abouché avec *le pigeon*.

Le moindre geste, convenu d'avance, est compris et transmis rapidement; aussi le meneur en chef prépare son plan, ne fait aucun signal sans connaître le parti pris par le voyageur qui, souvent, ne quitte une gare que pour en reprendre une autre le jour même.

Les auteurs des vols à l'américaine, constamment en route, échappent presque toujours à l'action de la justice.

Une police internationale bien comprise pourrait seule paralyser leurs nombreux méfaits; elle suivrait aussi de près les opérations des pickpockets et finirait par connaître à fond le mystérieux travail des chloroformistes.

XIII

LES CAMELOTS SOUTENEURS

Je commence par donner une petite explication à l'aimable corporation de camelots qui pourraient mal interpréter le titre de ce chapitre.

Comme dans tous les milieux, on trouve parmi les camelots du bon et du mauvais, de braves gens et des crapules. C'est pourquoi je prie ceux des camelots qui liront ces lignes de ne pas se froisser de mes appréciations concernant certains de leurs confrères.

Une partie des gens que vous entendez crier à cinq heures :

— Résultat complet des *Curses !*

Et à sept heures et demie du soir :

— Demandez la *Presse !*

ne se contentent pas de vendre des journaux.

Une fois leur journée de « journalistes » terminée, ils s'adonnent aux délices du maquereautage.

On les voit dans les brasseries de Montmartre fréquentées par des filles, en train de jouer aux cartes et d'attendre leurs marmites qui travaillent à côté.

Il y en a qui passent leurs soirées dans des bastringues populaires à danser avec leurs gonzesses qui y accourent, joyeuses, entre deux passes.

D'autres, tout en vendant le *Soir* dans les cafés, indiquent à leurs clients les adresses des petites femmes gentilles et pas chères.

Voici une histoire véridique concernant un de ces camelots-souteneurs qui, grâce à sa roublardise, a su arriver à une situation extraordinaire dans la vie parisienne.

Arthur Lecoq, dit Coco-la-Purée, avait vingt-cinq ans et il vendait la *Cocarde*, du temps du boulangisme triomphant.

Un jour, il a rencontré sur son chemin une jolie fille de dix-huit ans, une brune superbe aux yeux bleus, qui venait de quitter sa famille pour faire la noce à Montmartre. Elle avait déjà un amant de cœur, mais

Coco-la-Purée lui tapa dans l'œil si forte-
ment qu'elle n'hésita pas un instant à lâcher
son premier maquereau.

Il y eut à ce sujet lutte entre les deux
hommes. Coco-la-Purée qui était très fort
administra à son malheureux rival une tripotée en règle, et, triomphant, devint le
possesseur du cœur et... de la bourse de la
belle Lucienne.

Lucienne, qui était très jolie comme je
viens de le dire, rencontra un soir au Mou-
lin-Rouge un miché idéal : un sportsman
très riche, qui faisait courir et dont le nom
était cité sans cesse par les journaux à la
suite de ses nombreuses victoires sur le turf.

M. de X... fut frappé par la beauté de
Lucienne, par son côté vicieux de gamine de
Paris. Il lui parla, l'emmena avec lui souper
et, dès le lendemain, lui proposa une « situation ».

Il va sans dire que Lucienne accepta, d'autant plus qu'elle se trouvait dans une purée
noire, à ce point que, depuis plusieurs
jours, elle n'avait pu offrir une seule thune à
son Coco chéri.

Quelquesjours après, Lucienne était ins-

tallée dans ses meubles, avait des bijoux,
de belles toilettes, une paire de chevaux, un
cab, un coupé et une victoria.

En un mot, Lucienne était lancée.

Très heureux, Coco-la-Purée cessa de vendre les journaux. Il se paya (avec l'argent du
michó, ça va sans dire) un complet épatant,
à London-Fashion, un chapeau chez Léon,
des bottines vernies et tint à Lucienne ce
langage :

— Puisque ton vieux fait courir, nous se-
rions bien bêtes de ne pas en profiter. Tu
vas tâcher d'avoir des tuyaux, n'est-ce pas,
et moi, suivant tes indications, j'irai jouer
au pari mutuel. Tu verras la galette que
nous ramasserons de cette façon.

L'idée d'Arthur plut beaucoup à Lucienne.
Et, le soir même, elle pria M. de X..., —
entre deux baisers, — de lui donner des renseignements d'écurie qui lui permettraient
d'avoir son gagnant.

M. de X... ne demanda pas mieux que
d'être agréable à sa maîtresse. Et de ce jour,
chaque fois qu'il avait une *certitude*, il la donnait à Lucienne. Mieux que ça, on est galant
homme ou on ne l'est pas — il lui remettait

en même temps un billet de cinq ou de vingt-cinq louis, selon l'importance du favori.

Avec ce système, Coco-la-Purée arriva vite à gagner des sommes considérables.

Quelques mois après, il se fit bookmaker, sur la pelouse tout d'abord, d'où il passa au pesage.

En quelques années, — toujours *soutenu* par Lucienne, — il arriva à mettre de côté une centaine de mille francs qu'il plaça dans un cercle, un tripot des environs du boulevard. Le cercle prospéra et, à l'heure actuelle, l'ancien Coco-la-Purée, qui ne s'appelle plus même aujourd'hui Lecoq, s'étant affublé d'un pseudonyme à particule, est riche, très riche, fait courir lui-même, subventionne les journaux sportifs, dirige un théâtre dans une ville d'eaux.

Lucienne, elle, rivalise avec Mme Liane de Pougy.

Lorsqu'on la voit au Bois, belle et pimpante, on ne reconnaîtrait pas en elle, certes, l'ancienne pierreuse de la place Pigalle, comme on ne reconnaîtrait pas, en M. le baron de Trois Etoiles, l'ancien Coco-la-Purée.

La prostitution conduit aux honneurs, à

la richesse et même à la vertu... à la condition d'être dirigée d'une façon raisonnable,
par un homme sensé, un maquereau génial
dans le genre d'Arthur Lecoq... C'est un
médicament merveilleux contre la purée et
tous les maux qui s'y rattachent... Mais...
mais...

C'est un médicament délicat. Il faut savoir
l'agiter avant de s'en servir.

XIV

LES MENDIANTS SOUTENEURS

Les mendiants parisiens sont une corporation très populaire, tout à fait dans le train. Ce sont des Parisiens de Paris, des Parisiens parisiennant dans toute l'acceptation du mot.

Beaucoup ont de grandes fortunes. Ils se retirent à la campagne, vers la soixantaine, à l'instar de nos industriels et de nos commerçants les plus huppés ; d'autres restent à Paris, se contentant d'une saison dans une ville d'eaux ou d'un séjour plus ou moins prolongé au bord de la mer.

Tout le monde a lu dans les journaux des faits divers paraissant invraisemblables au premier abord, et vrais cependant, annonçant la mort subite sur la voie publique d'un men-

8

diant, sur lequel des agents de police, stupéfaits, trouvaient toute une fortune, — des centaines de mille francs, en obligations ou billets de banque, enfouies dans ses loques.

Comment se fait-il, se demande le public avec justesse, qu'un mendiant, si longtemps qu'il ait vécu, puisse arriver à amasser tant d'argent? On dit que les petits ruisseaux font de grandes rivières... Mais comment les petits sous peuvent-ils faire des millions, même en comptant les intérêts des intérêts?

En effet, si nos honorables mendiants se contentaient de n'être que des mendiants, il leur serait difficile d'amasser de gros capitaux, malgré la charité du public. Mais voilà. Ces messieurs ne dédaignent pas, autant qu'il leur est possible de le faire, de joindre à leur métier principal d'autres occupations plus ou moins lucratives.

Ainsi, certains mendiants s'adonnent au maquereautage et deviennent des entremetteurs comptant dans leur clientèle des noms très connus, des michés *very select*.

Il y en a qui ont poussé dans *le commerce* des propres filles à eux, devenues, grâce aux bons soins paternels, des horizontales de grande marque ; d'autres, à défaut de leur progéniture, se contentent de lancer dans le vice des *mômes* de leurs amis et connaissances, dont ils deviennent les souteneurs attitrés.

J'ai connu jadis un mendiant, vieux cheval de retour, condamné à plusieurs reprises par des tribunaux correctionnels à des peines variées pour vagabondage spécial, et qui, en vingt années, avait élevé toute une génération de filles publiques.

On l'appelait dans son quartier *Papa le Mac*.

Papa le Mac était un homme d'une cinquantaine d'années, grand et bien fait, aux cheveux grisonnants rejetés en arrière, portant une barbe fauve qu'il ne peignait que le soir, la journée finie, lorsque, débarrassé de ses loques, il se mettait en tenue de bourgeois.

Il avait commencé, très jeune, d'être l'amant de cœur de sa sœur, de sa *frangine*. Ayant réussi à la placer dans le quartier de l'Europe, il prit du goût au métier de souteneur et passait ses journées à rechercher dans les quartiers populaires des *jeunesses* rêvant de jeter leur bonnet par-dessus les moulins.

Mais comme, rôdant ainsi à travers Paris,
il s'embêtait à mourir, il se mit à mendier
« pour tuer le temps ».

Et voilà comment il était devenu mendiant
en même temps que souteneur.

Il trouva du reste que ces deux métiers
allaient bien ensemble.

Papa le Mac devint vite connu dans le
monde de la prostitution, aussi bien du côté
du Bois de Boulogne que du côté de la butte
Montmartre, et les patronnes des maisons
de rendez-vous prirent l'habitude de s'adresser à lui lorsqu'elles avaient besoin de
« viande fraîche ».

Papa le Mac était devenu une des célébrités
du Paris vicieux. En loques dans la journée,
traînant la savate du côté du palais Mazarin,
il devenait *gentleman* le soir.

On le voyait souvent renversé dans une
loge aux Folies-Bergère ou au Casino de
Paris, entre deux horizontales, ses élèves.

Le spectacle fini, il se rendait au café
Américain, souper en joyeuse compagnie.

Il est mort bêtement, un matin, d'une con-
gestion cérébrale ; n'ayant pas fait son tes-

tament, toute sa fortune revint de droit à sa
sœur qui, ayant dépassé la quarantaine,

venait de fonder une maison de passe dans
le quartier des Champs-Élysées.

8.

XV

LES VAGABONDS

La première ordonnance parue sur les vagabonds de profession, les mendiants par vocation, remonte à plus de deux siècles. A cette époque lointaine, on était déjà effrayé de la présence de ces tribus nomades, pillant sur tous les chemins.

Voici ce que, en 1689, les chroniqueurs du temps disaient de la fameuse *Cour des Miracles* :

« C'est là que s'étalent les vrais ou faux infirmes, qu'ils montrent leurs plaies feintes ou réelles, qu'ils mendient, que les voleurs se livrent à leurs larcins, et que la hideuse prostitution existe en plein jour, au grand déshonneur de la capitale d'un grand royaume. »

En l'an de grâce 1898 nous n'avons plus de *Cour des Miracles*, ce qui n'empêche pas les vagabonds, les mendiants et les malfaiteurs de toute sorte d'avoir des endroits qui leur servent de points de ralliement.

Ce sont les gares de chemins de fer, les alentours des églises, certains ponts, les abords de la Bourse, etc., etc.

Ce chapitre est consacré aux vagabonds proprement dits dont il existe deux catégories bien distinctes : 1º les vagabonds parisiens ou plutôt suburbains; 2º les vagabonds de campagne, de grand'route.

Les vagabonds suburbains pullulent principalement à Saint-Ouen, à Saint-Denis, à Clichy, à Levallois, etc. Ce sont leurs quartiers généraux.

Ils y ont des niches cachées, ignorées de la police, d'où ils sortent pour aller faire des « tournées », soit dans Paris, soit dans les environs.

— Qu'est-ce qu'une niche de vagabond? me demanderont mes lecteurs.

J'appelle une « niche » un domicile plus ou moins régulier. Ainsi, certains vagabonds ont leur « home », ou pour parler

d'une façon plus simple et plus exacte, leur
« trou » chez des chiffonniers du boulevard
Victor-Hugo. Ils y entrent, y restent ou en
sortent à leur gré. Le prix du loyer consiste
dans quelque menu cadeau apporté de temps
à autre au maître du logis : une poule volée
en passant, un chien égaré, un objet quelconque acheté pour rien dans un bric-à-brac.

D'autres vagabonds possèdent une « niche
garnie », c'est-à-dire un pied-à-terre chez une
femme, une copine qui leur offre le gîte, la
table... et le reste.

Les « marmites » des vagabonds suburbains se livrent généralement à la prostitution dans leurs communes respectives. Le
vagabond leur sert d'amant de cœur, moins
gênant qu'un maquereau ordinaire, car il
n'est pas toujours là, occupé par ses « courses » et par les différents coups qu'il a à
faire, tantôt aux Batignolles, tantôt à Montmartre, tantôt à Neuilly ou à Boulogne.

Car, il faut bien se le dire, le vagabond
suburbain fait généralement partie d'une
bande de malfaiteurs.

Comme dans tous les métiers, dans toutes
les professions, on voit parmi les vagabonds

des *chançards*, des *arrivistes*, et des *malchan-*
ceux, des *guignards*.

Ces derniers n'ont point de niche. L'été,
ils couchent sur les fortifications; l'hiver,

dans les bâtiments en construction. La police
les ramasse dans ses rafles. Ils sont envoyés
au dépôt, passent en police correctionnelle
pour vagabondage, attrapent quelques
semaines ou quelques mois de prison, font
leur temps et ne redeviennent libres que
pour recommencer la même existence.

Triste métier...

* *

Et sur son corps ensanglanté
Un baiser brûlant il posait,
Etc., etc.

Ainsi chante la complainte composée en
l'honneur de Vacher qui a été le type accompli du chemineau, du vagabond des campagnes.

Je suis loin de prétendre que tous les che-
mineaux, à l'instar de Vacher, assassinent
des bergères et des filles de ferme; il est
cependant certain que presque tous violent
les filles qu'ils rencontrent sur les routes et
qui ne réussissent pas à leur échapper.

Le vagabond campagnard n'a presque rien
de commun avec le rôdeur parisien. Ce dernier est, dans toute l'acception du mot, un

« propre à rien ». Il préférerait crever de peine que de travailler autrement qu'à l'aide d'un couteau ou d'une pince-monseigneur; le chemineau, lui, est généralement un ex-ouvrier, un ouvrier fainéant mais qui travaille cependant de temps à autre, lorsque la faim l'y oblige.

Parfois, il reste quelques semaines ou même quelques mois dans une ferme, à cultiver la terre, garder les troupeaux ou conduire des chevaux; puis la nostalgie de la grand'route le reprend, et, brusquement, il quitte la famille qui l'avait accueilli et à laquelle il n'avait pas pu s'attacher, et s'en va continuer son ancienne vie de bohème.

Quelquefois il vole son patron en s'en allant; ce fait toutefois n'est pas général. Le chemineau est plutôt mendiant que voleur.

XVI

LES CABARETS

Je vous ai déjà parlé du cabaret du père Lunette. C'est un établissement classique que tout le monde connaît.

Dans ce chapitre, je vais m'occuper de cabarets de bas étage, moins connus et non moins intéressants.

En voici un dont les prospectus distribués sur la voie publique sont libellés comme suit :

VOULEZ-VOUS RIRE ET VOUS AMUSER??

Allez voir le Cabaret de l'ingénieux **PÈRE JULES**

Rue X..., n° ...

Vous y verrez des choses extraordinaires
COMME :

Le Mouvement Perpétuel	Le Plan du Général Trochu
La Course aux Punaises	Le Cadran Mystérieux
Le Tourniquet sans Pareil	Les Sept Péchés capitaux
Le Chemin de la Croix d'un Homme saoul, etc., etc., etc.	

C'EST A VOUS TORDRE LE VENTRE DE RIRE
ET POUR COMBLE
LES CONSOMMATIONS PAS PLUS CHÈRES QU'AILLEURS !!!

Le cabaret en question se compose d'une
petite boutique donnant sur la rue et d'une

salle séparée de la première pièce par une
cloison en planches posée à hauteur d'homme.

9

Les murs du cabaret sont remplis de tableaux obscènes.

Le premier accroché au mur, faisant face au comptoir, représente la fontaine du *Manneken Pis* de Bruxelles, et voici comment :

Au premier plan, une femme tient ses vêtements retroussés jusqu'à la ceinture et fait face à un urinoir pour hommes.

De l'autre côté, un individu est dans la même posture.

En grande tenue, le bourgmestre et le commissaire de police assistent, impassibles, au soulagement de ce couple. De chaque côté de l'urinoir, qui représente la fontaine, figurent des agents de police dont l'un élève la main et montre, creusée au milieu de l'élévation de la colonne, une niche abritant un enfant qui pisse dans un bassin.

Au moyen d'une bandelette mobile, l'auteur fait subir à l'enfant diverses transformations qui excitent l'hilarité du public.

A gauche, près du comptoir, se trouve un second tableau intitulé : *Les Punaises de la rue Sainte-Marguerite.*

Il est composé de plusieurs petits tubes en verre en forme de serpenteaux. Dans les tubes sont introduites des feuilles de cuivre extrêmement légères, de la couleur des punaises.

Au moyen du robinet qui alimente la fontaine du comptoir, l'eau passe dans les tubes, établit un va-et-vient et donne aux petites parcelles de cuivre l'aspect de punaise en procession.

Grâce aux zigzags des tubes, ces punaises paraissent entrer dans la bouche des différents personnages aux vêtements relevés, peints sur le fond du tableau, et en ressortir... par le côté opposé.

En pénétrant dans la deuxième salle on voit, en entrant, une puissante nourrice allaitant un prêtre à genoux devant elle; puis, successivement, par groupes ou isolément, figurent des hommes et des femmes se livrant à de copieuses libations..

Le cabaret du père Jules est le rendez-vous de la basse pègre et de la prostitution du dernier étage.

Les tableaux qui ornent ledit cabaret amusent énormement tous ces gens-là et développent leurs goûts artistiques...

*
* *

Le *Caveau des Innocents*, aux Halles, est une des curiosités du Paris nocturne. Pendant un siècle on y avait vendu des légumes et des œufs; aujourd'hui, on y exploite un commerce de vin-restaurant.

L'extérieur du *Caveau* n'offre aucune particularité spéciale. La devanture de la boutique peinte en rouge est garnie de vitres ordinaires.

Le *Caveau des Innocents* ouvre à minuit et ferme à midi. Sa clientèle ordinaire se compose de maraîchers des environs de Paris. Mais on y rencontre également des noceurs et des noceuses qui y viennent finir leur soirée, comme ils vont chez Baratte, restaurant de nuit bien connu, situé aux Halles également.

Dans la salle commune du Caveau se trouvent le comptoir et sept tables; mais, comme la pièce est très étroite, les tables sont placées du même côté.

En face du comptoir est la cuisine. Près d'elle, un petit escalier en colimaçon, large de cinquante centimètres, conduit à l'entresol, dans la « salle aux paillasses », prenant jour sur la rue des Innocents par quatre énormes fenêtres, dites « à guillotine ».

Dans ces deux pièces, d'un côté sont placées des tables pour souper et de l'autre des paillasses pour dormir.

Les salles de l'entresol, de même que celles du rez-de-chaussée, sont voûtées comme les anciens caveaux de monastères et les murs peints à l'huile.

De la salle commune du rez-de-chausséet on descend dans le « Caveau » propremen, dit.

Quatre voûtes, soutenues par d'énormes murs, forment autant de cloisons séparatives dans cette salle souterraine, unique dans son genre.

Ces quatre espèces de cabinets sans portes sont garnis de table et de bancs, ceux-ci scellés au mur et au sol.

Au-dessous de ce caveau, il en existe un construit de la même manière où le patron de l'établissement entasse ses marchandises. Enfin, à quinze mètres du niveau de la rue, il existe une troisième cave, où l'eau est en permanence.

La clientèle de l'établissement commence à arriver à partir d'une heure du matin. Noceurs, actrices, cocottes, rastaquouères étrangers de marque, flibustiers en habit noir fraternisent avec des maraîchers et cultivateurs vêtus de blouses et venus aux halles vendre leur marchandise.

L'administration du *Caveau des Innocents* défend à ses clients de fumer, de chanter... et de se battre.

**

Parmi les cabarets de Montmartre, je citerai ceux de Bruant et d'Alexandre.

Bruant, devenu rentier, ne chante plus dans son cabaret; par contre, son ancien élève Alexandre, qui n'est pas encore arrivé à la fortune, ne dédaigne pas de se produire tous les soirs devant un public composé de viveurs, de filles et de souteneurs.

On connaît les chansons de Bruant qui forment également le répertoire d'Alexandre: *A Saint-Lazare*, *A Saint-Ouen*, le *Choléra*, la *Noire*, etc.

Sa Noire a les tétons pointus...

dit la dernière des chansons citées ci-dessus.

Cette strophe me vient à l'idée, car j'ai eu l'occasion de convoiter l'héroïne de la chanson dont il s'agit, la femme que Bruant avait beaucoup aimée et pour laquelle il l'avait composée : la *Noire* en un mot.

Je l'ai connue dans une maison publique de la rue d'Amboise. Elle faisait des passes à dix francs (tout compris).

Et chaque fois que j'allais rue d'Amboise pour les affaires de mon service, je me disais :

— C'est égal, quel homme que ce Bruant, malgré tout son talent! Avoir aimé une femme comme il avait aimé la *Noire* et la laisser tomber là !...

Enfin!...

XVII

Où est le Parisien — où est surtout la Parisienne — qui ne connaît pas le type du « vieux monsieur », ou plutôt du « vieux cochon » pour se servir du terme exact?

Ce type extra-connu du pavé de Paris porte divers sobriquets dont il fut doté par des écrivains de talent tels que Henri Lavedan, Maurice Donnay, Falstaff, etc..., sans compter un ancien ministre des Finances, très expert en la matière.

En voici quelques échantillons :

« Vieux marcheur », « vieux loufoque », vieux piaffeur », « vieux peloteur », « cha-touilleur de pucelles », « grand papa en goguette », etc. ; etc.

Dans ce chapitre, je m'occuperai unique-

ment et spécialement du vieux monsieur qui
court après le torchon, qui débauche la

bobonne qui passe : du Trublot-Prud'homme
en un mot.

9.

Il est certain, le fait est indéniable, que, depuis les temps les plus reculés, un tablier blanc attaché à une petite femme guillerette, mise simplement mais non sans coquetterie, a le don de mettre... à point les organismes un peu blasés qui ont usé et abusé des robes de soie et des chemises en dentelles.

> D'tout's les femm's cell' que j'préfère,
> C'est la cu·cu·cuisinière.

Ainsi chantait Sainte-Beuve, chaque fois qu'il avait dîné avec des marquises et qu'il rentrait dans son logis de vieux garçon, asile hospitalier des bonnes du quartier.

*
* *

Le monsieur qui aime le torchon se lève généralement de bonne heure, — et pour cause. Pour rien au monde, il ne voudrait manquer l'heure du marché...

Il trouve un plaisir inénarrable à se faufiler au milieu des cuisinières et des bonnes à tout faire, en train de faire leurs provisions.

Aucun théâtre, aucun concert ne serait capable de lui procurer une jouissance égalant celle de se sentir au milieu de la chair fraîche des petites bobonnes, de les frôler, de leur faire de l'œil...

— Ah! les petites bonnes faisant leur marché, quels poèmes! me disait un jour un vieux gaga de mes amis : qui est-ce qui composera jamais la *Valse des torchons*?

*
* *

En somme, le monsieur qui court après le torchon est un érotomane bien marqué.

Il vaut bien le type qui se fait fouetter ou celui qui coupe les nattes des jeunes filles.

Ces gens-là sont des malades, c'est entendu. Mais, — et ici nous abordons le véritable sujet de la question, — leur maladie permet à certaines créatures de les exploiter, de les ruiner et même de les assassiner.

Tous les hommes qui se sont occupés des affaires de police savent bien qu'il existe à Paris des prostituées exploitant tout spécialement les amateurs de bonnes.

Rien de plus facile pour une fille que de se faire passer pour une domestique. Une toilette simple, un tablier blanc, un bonnet, s'il le faut, et ça y est.

La prostituée posant à la bonne à tout faire

traverse les rues de Paris ayant l'air pressé, affairé ; elle porte soit un panier, soit un paquet, ayant l'air d'être envoyée par sa patronne faire une course.

Lorsqu'elle a rencontré un type qui la reluque, elle s'arrête comme par hasard devant la devanture d'un magasin quelconque et fait mine d'admirer les objets qui y sont exposés.

Le monsieur qui l'avait remarquée s'approche et lui chuchote à l'oreille un compliment... compliment banal d'habitude :

« — Ah! la jolie fille !... Quel beau morceau! » ou bien encore : « — Dites donc, mignonne, voudriez-vous passer dans la petite rue à côté ; j'aurais quelques mots à vous dire... »

La fille sourit... se fait prier un peu pour la forme, et, finalement, a l'air de se décider à écouter les propos du vieux monsieur.

Et tout s'arrange dans un hôtel meublé.

Tant que les affaires ne vont pas plus loin, tout va bien. Mais si le monsieur a eu le malheur de s'emballer pour sa connaissance de passage, s'il la revoit, lui donne d'autres rendez-vous, son affaire est claire.

La fille prévient son marlou qu'elle a trouvé un type « bon à faire » et M. Alphonse s'arrange de façon à attirer le bonhomme dans un guet-apens où, jouant le rôle d'un frère ou d'un amant outragé, il fait chanter le vieux type.

Quelquefois, après avoir attiré l'érotomane dans un hôtel borgne voisinant des fortifs, la fille lui sert un narcotique, l'endort et ouvre la porte à son souteneur qui vole le miché endormi.

Si ce dernier a le malheur de se réveiller, on le chourine...

XVIII

A MONTMARTRE

Dans un de mes chapitres précédents j'ai vaguement parlé des cabarets de Montmartre. Le lecteur me saura gré d'y revenir encore une fois.

Montmartre est un mot magique. C'est le cerveau et le cœur de Paris... mais c'est aussi son égout.

Bien qu'officiellement Montmartre ne commence qu'à partir des boulevards extérieurs, en réalité, les rues Notre-Dame-de-Lorette, Fontaine, des Martyrs, Bréda, Victor Macé et quelques autres voies du IX° en font partie intégrale.

Montmartre a remplacé, au point de vue de la joie et du plaisir, l'ancien Quartier latin; les étudiants eux-mêmes le constatent et viennent en bande lorsqu'ils veulent rigoler.

Un étranger ou un provincial, se trouvant tout à coup, un soir, à Montmartre se croirait en plein carnaval. Partout des bals, des concerts, des cabarets artistiques, des cafés avec de la musique, des restaurants à femmes, des brasseries; partout des échos joyeux, des gens qui s'amusent, un brouhaha de fête, un charivari de noce...

—Quelle vie, Messeigneurs ! dirait feu père Salis, le fondateur du Chat-Noir de fameuse mémoire.

En face la place Blanche, le joyeux *Moulin Rouge;* un peu plus loin, place Pigalle, le *Rat-Mort,* l'*Abbaye de Thélème,* la *Nouvelle-Athènes* redevenue célèbre depuis que nos grandes horizontales et actrices y viennent prendre un apéritif en descendant des ateliers du plus Parisien des photographes, Paul Sescau, qui se trouvent juste au-dessus.

Plus loin encore le *Trianon,* — l'ancien Elysée-Montmartre, — la *Gaîté-Rochechouart,* la *Fourmi,* etc., etc.

Toute la lyre, quoi !

***

Pendant que les michés s'amusent avec

des gonzesses de choix dans les établissements que je viens de citer, les gigolettes à quarante sous se baladent sur le boulevard extérieur, suivies de près par leurs marlous respectifs, prêts à cogner dessus si elles ne turbinent pas avec zèle.

Tout n'est pas rose dans le métier de putain! comme l'a dit si bien un moraliste.

Et c'est justement ce contraste entre la noce chic et la prostitution de bas étage, se coudoyant sur le boulevard extérieur, l'une s'étalant dans les cafés et les cabinets particuliers des restaurants de nuit ; l'autre faisant une chasse pénible à la thune — et encore ! — qui fait un des charmes de Montmartre.

*_**

Le bal le plus réputé et le plus original de Montmartre est sans contredit le *Moulin de la Galette*.

Situé tout à fait sur les hauteurs de la Butte, à deux pas du Sacré-Cœur, il est par excellence l'endroit où les petites Montmartroises font leurs débuts dans la vie amoureuse.

Rien d'amusant et de pittoresque comme

le bal du Moulin de la Galette, le dimanche dans l'après-midi.

On y rencontre de tout : des viveurs, des calicots, des souteneurs ; des horizontales de grande marque, des ouvrières et des raccrocheuses du boulevard extérieur. Tout ce monde-là danse, s'amuse et rigole d'une façon on ne peut plus fraternelle.

Le soir, le bal du Moulin de la Galette est moins panaché et plus populaire. Les petits marlous du quartier reprennent leur dessus sur les autres clients et sont les maîtres de la situation.

A la sortie, des batailles se produisent assez souvent entre les danseurs qui ont commencé leur querelle à l'intérieur du Moulin et qui vont la vider dehors. Ces messieurs, qui ont la colère prompte, se servent souvent du couteau. C'est leur duel à eux, duel provoqué neuf fois sur dix par une gigolette.

Lorsque, dans une des batailles dont il s'agit, l'un des adversaires tombe blessé et que ses cris attirent les gardiens de la paix, ces derniers ont vraiment beaucoup de mal à mettre la main sur l'assassin.

Les petites ruelles de la Butte sont fort propices à la fuite.

Du reste, les camarades des deux adversaires sont prêts, s'il y a lieu, à défendre le vainqueur contre les agents de police.

Il arrive souvent dans ces occasions qu'un gardien de la paix reçoit une balle de revolver d'un souteneur.

Être de service sur la Butte, la nuit, surtout le samedi et le dimanche, jours de fête, — ce n'est certes pas une sinécure pour un policier...

***

Une des curiosités du Montmartre nocturne, qui mérite d'être notée, c'est la sortie du public v'lan des restaurants de nuit vers trois heures du matin.

Pendant que des messieurs chics, ayant à leur bras des gonzesses de première marque, sortent du *Rat-Mort* ou de la *Place-Blanche* et hèlent des sapins, — à deux pas d'eux des filles en cheveux causent à haute voix avec leurs maquereaux, au milieu de ramasseurs de mégots, d'ouvreurs de portières de sapins, de fleuristes et de mendiants des deux sexes.

Tandis que la cocotte « bien » est forcée à cette heure de continuer son travail en allant finir sa nuit dans les bras de son miché, la rac-crocheuse, elle, considère son turbin comme à peu près terminé à partir de deux heures du matin.

Sa clientèle, à elle, se couche de meilleure heure que celle qui fréquente les restaurants de nuit. Elle peut compter encore sur un ivrogne par-ci, par-là, et c'est tout.

Aussi, n'ayant pas besoin de faire les cent pas à la recherche d'un passant bénévole, elle s'arrête à bavarder avec des camarades et à rire un brin avec son amant avec qui elle ira coucher tout à l'heure.

Quelquefois, au lieu de rire, le maquereau et sa marmite s'engueulent à cette heure matinale, surtout si la journée de Madame n'a pas été très fructueuse. Mais ça ne fait rien, une engueulade ne nuit jamais à l'amour...

Une bonne raclée non plus, du reste...

XIX

Quel drôle de monde que celui des forains !
On y trouve de tout : de la crapule la plus
immonde et de très braves gens faisant leur
métier d'une façon sérieuse et travaillant
ferme pour gagner leur vie et celle des
leurs.

Quel est le Parisien qui ne soit pas allé à
la foire de Neuilly ou à la foire de Montmartre?

Il serait superflu de faire ici un tableau
d'une de ces fêtes. C'est toujours la même
chose : chevaux de bois, montagnes russes,
ménageries, théâtres excentriques, tableaux
vivants, lutteurs, femmes colosses, panora-
mas, etc., etc., etc.

Ce que tous les lecteurs ne connaissent pas,

c'est la vie intime des forains ; les coulisses de ces artistes d'un genre particulier.

Eh bien, ainsi que je viens de le dire, on peut diviser les forains, au point de vue des mœurs, en deux grandes catégories bien distinctes : les honnêtes gens et les crapules.

La vie intime des premiers est celle des ouvriers. Une fois leur journée finie, ils rentrent chez eux, mangent la soupe et se couchent pour être frais et dispos pour le dur labeur du lendemain qui les attend.

Les « artistes » de la deuxième catégorie joignent à leur profession de forains celle de recéleurs, de voleurs et de maquereaux. Leurs femmes, si elles sont jolies, — et ils cherchent naturellement à avoir des femmes capables d'exciter les hommes, — leurs femmes, dis-je, font de l'œil aux passants, tout en faisant la « parade ».

A l'instar des autres « artistes » de la même espèce à peu près, les chanteuses et les danseuses de petits concerts, elles cherchent le miché à travers la clientèle mâle qui vient les voir.

Et, naturellement, elles arrivent très souvent à mettre la main sur les hommes de bonne volonté attirés par leurs charmes...

Le marlou est là, à côté, qui veille...

Ainsi que le vulgaire souteneur du boulevard extérieur, le forain-maquereau est un être très dangereux.

Il arrive souvent qu'un riche bourgeois qui se laisse entraîner un peu loin par les charmes d'une « femme-serpent » finit par tomber dans un guet-apens qu'on lui tend de l'autre côté des « fortifs » et y perd sa bourse ou sa vie... si ce n'est pas l'une et l'autre.

***

Les voleurs dits « au rendez-moi » ou les « rendems » comme ils s'intitulent eux-mêmes, se divisent en deux catégories.

La première comprend les Bohémiens ; — les Tsiganes ; — la deuxième, la plus dangereuse, se compose de souteneurs, d'aides-bookmakers, de camelots, d'anciens maquignons, etc.

La France, comme les autres pays d'Europe, est parcourue, depuis des siècles, par des individus absolument rebelles à tout esprit de civilisation et de société, n'aimant que la liberté de la paresse et travaillant à leur aise et à leur fantaisie. Les Bohémiens ont en horreur toute occupation suivie et régulière.

On les reconnaît facilement à leurs traits accentués et à leur teint brun-jaune, presque olivâtre.

Du reste, les Parisiens connaissent bien ce type depuis que les musiciens tsiganes ont conquis à Paris leur droit de cité, en jouant dans les cafés du boulevard et dans les restaurants du Bois de Boulogne.

Dans les orchestres en question on rencontre souvent des faux Tsiganes, des Juifs ou des Roumains. Je m'empresse d'ajouter pour l'honneur de ce peuple nomade, que Rigo, le fameux amant de cœur de la princesse de Ch... n'est point un simili-tsigane; c'est un étalon bohémien pur sang, dont ses frères peuvent être fiers à juste titre.

N'appartenant à aucune nation, les Bohémiens les haïssent toutes et passent leur existence à les exploiter les unes après les autres.

Ce sont eux qui forment ces petites bandes, sortes de tribus nomades, composées de gens sans état civil ne connaissant les mairies que pour y aller mendier.

Ces nomades habitent ces voitures appe-

lées *caravanes* que l'on voit momentanément
installées aux alentours des fortifications et

10

où la promiscuité la plus complète confond les sexes.

*_**

Les voleurs au rendez-moi de la deuxième catégorie mentionnée plus haut opèrent avec brutalité, audace, effronterie.

Ils se font un jeu de braver tout, de n'avoir peur de rien. Heureusement pour le public et les commerçants, ces aventuriers mènent une vie désordonnée, crapuleuse, s'abrutissent par des excès de toute nature et, à force de risquer le tout pour le tout, finissent par tomber entre les mains de la police.

Le souteneur-voleur pratique le vol au rendez-moi, lorsque sa *marmite* est *fêlée;* c'est la désignation de la fille dont il vit et qui se trouve à *l'ombre* ou prisonnière, pendant plusieurs semaines.

Souvent une prostituée, pour se rendre libre ou changer de souteneur, le pousse à voler avec le secret espoir qu'il se laissera prendre.

Le « rendem » se livre à une exploration continuelle : ses dupes sont nombreuses à

Paris et plus encore en province, au cours des fêtes agricoles et communales.

Il a son Bottin, forme ses listes d'adresses, tire des plans, s'oriente et choisit de préférence ses victimes parmi les individus récemment établis et par cela même inexpérimentés. Si l'excursion projetée doit être longue, il s'associe avec un ou deux camarades audacieux et intelligents.

Selon l'envergure du voleur, il opère avec une pièce de deux, cinq, dix ou vingt francs. Une fois la pièce et la monnaie ramassées, avant que le commerçant ait pu s'apercevoir du vol, le malfaiteur quitte la boutique pour recommencer plus loin.

Les voleurs au rendez-moi qui travaillent *dans le grand* font usage de billets de cent ou de cinq cents francs.

Ils sont très généralement avec des femmes dont l'adresse égale la leur. Ce sont presque toujours des filles galantes qui partagent leur existence entre la prostitution et le vol : deux métiers également lucratifs.

La vie du Bohémien dans sa voiture roulante a quelque chose de mystérieux et de véritablement sauvage. C'est une bête fauve

qui traverse tous les pays sans s'attacher à
aucun d'eux, une bête rusée comme un
renard et méchante comme un loup.

Les Bohémiens s'appellent dans leur langue
Romanittchels, exercent des professions
diverses et, d'une nature essentiellement
errante, ils sont à l'occasion colporteurs,
tireurs de bonne aventure, conducteurs
d'animaux sauvages, afin de se livrer plus
aisément à la mendicité.

Dangereux, surtout la nuit, ils sèmeront
l'incendie dans les campagnes, si cela est
nécessaire à l'accomplissement de leurs vols ;
mais ils ne sont pas assez courageux pour
commettre un assassinat.

Les hommes s'occupent de voler les animaux dont le groupe a besoin. La volaille et
le cheval sont nourris sur les propriétés
d'autrui.

Les enfants mal soignés, mal vêtus, sans
bas ni souliers, offrent aux passants sur les
routes, aux habitants dans les villages, des
paniers fabriqués avec de l'osier soustrait
dans les champs.

Quant aux femmes, elles s'adonnent toujours par deux ou trois au vol au rendez-

moi, qui consiste, comme son nom l'indique, à remettre une pièce de monnaie pour payer un objet insignifiant et à ramasser adroitement la pièce et la monnaie rendue.

La chose faite, elles disparaissent aussi rapidement qu'elles sont arrivées.

Quelques-unes cherchent, soi-disant pour les revendre, les anciennes pièces de monnaie d'argent et de billon, ce qui leur permet d'exploiter les personnes confiantes disposées à montrer par ostentation leurs économies.

En achetant deux ou trois vieux sous, elles s'emparent adroitement, sous les yeux des naïfs imprudents, de plusieurs pièces blanches.

D'autres, connaissant par expérience la crédulité de certaines paysannes, en profitent pour s'emparer de leur esprit.

Elles expliquent que, possédant le don de double vue, elles aperçoivent dans des sacs, soigneusement cachés, de fausses pièces de monnaie mélangées avec des louis de bon aloi. Au bout du compte, elles conseillent aux personnes qui ont la naïveté de les écouter, de retirer ces fausses pièces, pour ne pas s'exposer à des ennuis.

10.

Les sacs sont vidés, et c'est alors que les voleuses s'emparent des pièces étrangères en se chargeant de les remplacer plus tard par des pièces françaises.

J'ai connu jadis une « horizontale » qui s'adonnait au vol au rendez-moi avec une maestria incomparable. Elle volait ses michés, ses fournisseurs, son cocher, ses domestiques : ça devenait positivement de la *cleptomanie*, car la demoiselle en question gagnait assez d'argent et menait une vie suffisamment lucrative pour ne pas avoir besoin de voler ses *gens*. Mais c'était plus fort qu'elle. Aussitôt qu'elle voyait de l'argent dans la main d'autrui, elle éprouvait un besoin impérieux de s'en emparer.

Lorsqu'à la suite d'un flagrant délit dans un magasin, elle fut arrêtée par un agent de la Sûreté qui s'y trouvait justement par hasard et qui avait remarqué son manège, elle lui demanda de la conduire à la préfecture en flacre.

— Je paierai le cocher, fit-elle.

A la porte de la Sûreté, elle descend avec son *suiveur* et remet à l'automédon, qui ne savait pas qu'il avait affaire à une voleuse, une pièce de vingt francs.

— Donnez-moi de la monnaie, lui dit-elle.

Le cocher lui rend une pièce de dix francs, une pièce de cent sous et de la menue monnaie.

La *rendeuse* lui donne dix sous de pourboire et s'enfile sous la porte cochère, suivie de son *ange gardien*.

On me la remet entre les mains.

J'eus à peine le temps de lui poser une question, lorsque j'entendis dans les couloirs une conversation animée.

C'était le cocher qui venait réclamer son louis que cette aimable personne avait réussi à lui soustraire en recevant sa monnaie.

La chose la plus amusante dans cette histoire, c'est que le cocher avait cru tout d'abord avoir affaire à la *dame* d'un haut fonctionnaire de police. Ce n'est que lorsque mes hommes lui eurent expliqué dans le couloir qu'il s'agissait d'une voleuse qu'il s'était mis à grogner et qu'il avait élevé la voix...

XX

LES BANDITS ITALIENS

On trouve de tout à Paris : même des bandits italiens. Cela paraît bizarre et cependant c'est tout ce qu'il y a de plus exact.

Lorsque vous voyez un matin, rue Saint-Victor ou place Pigalle, des modèles italiens, des gars solides taillés en Hercules, vous ne vous imaginez pas qu'un certain nombre de ces types-là sont d'anciens bandits ou fils de bandits qui ont quitté leur pays pour échapper à des poursuites judiciaires.

Une fois arrivés à Paris, ces gens-là, n'ayant pas de métier, se font modèles et restent relativement tranquilles jusqu'au jour où, ayant fini par s'initier à la vie de la capitale, ils trouvent un coup à faire en compagnie d'un pays.

Lorsqu'un de ces individus entre en relations d'amour avec une camarade, modèle
comme lui, et se décide, malgré sa jalousie
native de méridional, à la pousser dans la
débauche, il devient particulièrement dangereux.

Le souteneur italien dépasse dans l'horreur
et dans l'ignominie le marlou parisien. Bandit
dans l'âme, il déclare la guerre à tous les
michés de sa belle. Il leur en veut, il les hait,
pour l'argent qu'ils possèdent, cet argent
qui leur permet de coucher avec sa maîtresse.

La circonstance que lui, l'amant de cœur,
profite de cet argent, ne les excuse point à
ses yeux. S'il était riche, s'il possédait l'argent qu'ils ont, il n'aurait pas besoin de faire
travailler sa maîtresse.

La haine du maquereau italien contre les
bourgeois est féroce, terrible; elle égale celle
de l'anarchiste italien, — d'un Caserio, —
qui souhaite la mort à tous les riches, à tous
les puissants de la terre, et en *saigne* un :
celui qui apparaît dans sa cervelle comme le
plus riche et le plus puissant.

***

Il y a une dizaine d'années, un M. W...,
riche banquier allemand, venant de temps
à autre passer quelques semaines à Paris, fut
trouvé assassiné dans un compartiment de
première classe, en Belgique, entre Verviers
et Cologne.

Le mobile du crime était le vol, le portefeuille de la victime ayant disparu; l'assassin avait réussi à prendre la fuite de façon à
n'être vu de personne. Aussi, la police-belge,
après s'être livrée à une enquête minutieuse
qui était restée sans aucun résultat, fut forcée de classer l'affaire.

Après avoir lu dans les journaux le récit
de ce crime dont la police belge n'avait pas
cru nécessaire d'informer la Sûreté de Paris,
je m'étais promis de tâcher d'éclaircir ce
mystère.

Je savais que M. W..., en venant à Paris
pour ses affaires, entretenait des relations
avec une Italienne de grande beauté, une
nommée Bianca dont les charmes étaient très
appréciés dans le monde où l'on s'amuse.

Je fis une enquête et j'appris que Bianca
avait un amant de cœur, un compatriote à
elle, nommé Gaspardo, portant dans le

monde des souteneurs le sobriquet de Brutus
à cause de son caractère brutal et extrêmement violent.

Mon flair de policier me dit que j'avais là
une bonne piste. Après m'être déguisé en
camelot, je me mis à étudier discrètement
mon Brutus, en fréquentant le petit restaurant italien où il allait — fort souvent accompagné de Bianca — prendre ses repas. Je
chargeais en même temps un de nos inspecteurs de le filer dans ses pérégrinations à
travers Paris...

L'enquête à laquelle je m'étais livré ne
paraissait pas tout d'abord me donner de
résultats bien brillants : Brutus, depuis un
mois, n'avait pas manqué son dîner au petit
restaurant italien ; à son domicile, — il
n'était pas tout à fait collé avec sa maîtresse,
il avait un petit appartement de garçon, —
on ne put pas me renseigner s'il s'était
absenté de Paris, vu qu'il découchait toutes
les nuits ; chez Bianca, il n'y avait pas
moyen de rien apprendre : l'emploi de
bonne était rempli par la mère de la belle,
une vieille Italienne muette comme un mur ;
quant à la concierge, elle me dit avec raison

que Bianca recevant beaucoup de messieurs qui entraient chez elle et sortaient à toute heure de la nuit, il lui était matériellement impossible de me renseigner.

D'un autre côté, il n'y avait aucun changement dans l'existence de Brutus : il dépensait pas mal d'argent; mais, depuis qu'il était l'amant de Bianca, on lui avait toujours vu le gousset bien rempli.

Il n'y avait donc rien à lui reprocher et, cependant, je sentais que c'était bien lui qui avait fait le coup. Je continuai donc à le surveiller avec zèle...

Un mois environ après le crime dont il s'agit, mon inspecteur, en filant Brutus, le vit un soir s'engager vers les hauteurs de Montmartre. Arrivé rue Tholozé, l'Italien se retourna et regarda attentivement autour de lui. Mon inspecteur, habitué à toutes sortes de précautions des personnes filées, s'était caché juste au même moment dans l'encoignure d'une porte cochère. Brutus, ne voyant personne, fit encore quelques pas et entra subitement dans une maison. Il en ressortait une heure après; deux heures plus tard, j'y arrivais avec deux agents, je questionnais le concierge et j'apprenais que Brutus y avait

une chambre au sixième étage, de cent francs par an, au nom de Philippe Rossi.

S'étant fait passer pour un voyageur de commerce faisant des tournées en province, le concierge n'était pas étonné de ne le voir arriver dans sa chambre que de temps à autre, tantôt le jour, tantôt la nuit, souvent, mais pas toujours, avec une petite valise à la main.

Nous fîmes ouvrir la chambre de l'individu et nous y trouvâmes un lit de fer, une table, deux chaises... et une grande malle très solide et fermée avec une serrure de sûreté, comme un coffre-fort.

Le serrurier que nous avions amené eut beaucoup de mal à la faire ouvrir... Le lecteur comprendra ma joie lorsque je lui aurai dit que le premier objet que je trouvai dans la malle en question fut une photographie de Bianca tachée de sang et une photographie de M. W..., percée de coups de stylet...

Au fond de la malle, nous trouvâmes des revolvers, des poignards et une liasse d'obligations et d'actions au porteur...

Brutus fut arrêté le lendemain. Se voyant pris, il avoua son crime. Il avait tué M. W... par jalousie ; quant à la somme qu'il avait

trouvée dans son portefeuille, elle était insi-
gnifiante : dix mille francs.

Brutus s'en tira avec quinze ans de travaux forcés. Bianca, arrêtée comme complice, fut relâchée faute de preuves...

XXI

LE VOL EN CHEMIN DE FER. — LE VOL AU NARCOTIQUE

Les bonneteurs de Paris représentent une association des mieux organisées. Ils ont un syndicat dont les membres sont choisis parmi les plus sérieux collaborateurs de la bande.

Ces messieurs ont leur syndic, leur vice-président, leur trésorier et leur « doyen », comme toute association confraternelle qui se respecte.

Les réunions de ce syndicat ont lieu de temps à autre, tantôt chez l'un, tantôt chez l'autre des membres, afin de ne pas donner l'éveil à la police, ce qui pourrait avoir lieu si ces messieurs se réunissaient toujours au même endroit.

On sait que le mot bonneteur dérive du jeu de bonneteau, pratiqué tout particulièrement en chemin de fer et destiné à dévaliser les voyageurs assez naïfs pour se laisser entraîner, dans l'espoir du gain, à jouer avec ces individus.

Les bonneteurs parisiens sont divisés en des espèces de petites brigades composées de quatre à cinq individus chacune.

Quelques minutes avant le départ du train, *l'avant-garde* choisit le compartiment où lui et ses compères doivent opérer tout à l'heure.

En se promenant sur le quai, il observe les voyageurs et, physionomiste parfait, il choisit ses têtes...

Une fois qu'il est monté dans le compartiment, il se place à la portière de façon à être aperçu par ses camarades qui, un par un, viennent prendre place dans le wagon.

En dehors de *l'avant-garde* qui, autant que possible, ne doit pas avoir de cachet particulier, mais être simplement correct, une brigade de bonneteurs est d'habitude composée de la façon suivante :

1º Un homme du monde sceptique ;

2º Un vieillard honnête;

3º Un provincial;

4º Un bonneteur proprement dit.

Quelques minutes après le départ du train, le nº 4 propose au « provincial » une petite partie. Ce dernier se fait expliquer le jeu, hésite un peu et, finalement, accepte. Le jeu commence.

Alors, « l'homme du monde » ne manque pas de regarder le « provincial » avec pitié et de faire un petit signe aux autres voyageurs et particulièrement au « vieillard »; un petit signe qui veut dire :

— Quel naïf ! il va se faire voler comme dans un bois.

Le vieillard honnête ne bronche pas. Il se contente de contempler le jeu, l'air digne.

Le « provincial », contrairement aux prévisions de « l'homme du monde », gagne la première partie; il perd la deuxième, mais il regagne la troisième... « L'homme du monde » commence à être moins sceptique et les yeux du « vieillard » brillent à la vue de pièces d'or échangées entre les deux joueurs... Lorsque le « provincial », après avoir gagné plusieurs parties, fait *Charlemagne*, tout

oyeux, au grand désappointement apparent
du bonneteur, le « vieillard » se laisse
entraîner à son tour... Il gagne, il perd et
regagne... Le jeu devient si intéressant que
« l'homme du monde » lui-même, malgré
tout son scepticisme, se met de la partie.

Et, neuf fois sur dix, il est suivi par
quelques-uns des voyageurs qui, eux, jouent
pour de bon.

Ils commencent, eux aussi, par gagner,
puis perdent une partie, une autre, encore
une autre, veulent se rattraper et finissent,
fort souvent, par perdre tout l'argent qu'ils
avaient sur eux.

Si la victime se fâche, le bonneteur se
fâche également et dit qu'il ne l'avait pas
forcé à jouer.

— Ce n'est pas ma faute ! s'écrie-t-il en
haussant les épaules, si vous n'avez pas de
chance au jeu !...

Les autres bonneteurs tâchent de consoler
la victime, et, naturellement, donnent raison
à leur compère.

Ils disent à la victime :

— Vous voyez bien que nous avons gagné.
Par conséquent, monsieur n'a pas triché

Vous n'avez pas eu de chance, voilà tout.

A la première station, le bonneteur n° 4 s'esquive.

Il est suivi de près par l'*avant-garde* qui, n'ayant pas joué, ne peut être soupçonné et auquel, en sortant du wagon, le n° 4 passe discrètement son portefeuille.

De cette façon, dans le cas d'une plainte de la ou des victimes, si le n° 4 était arrêté, on ne trouverait sur lui qu'un peu de menue monnaie.

La caisse est sauvée par l'*avant-garde !*

Une fois que le n° 4 et l'*avant-garde* ont quitté le compartiment, leurs trois compères s'esquivent l'un après l'autre, à leur tour.

Une heure après, ils reprennent un nouveau train.

Il est rare que les victimes des bonneteurs portent plainte à la police.

Le sentiment d'amour-propre empêche la plupart des hommes d'avouer franchement qu'ils ont agi comme des imbéciles...

*
* *

Les voleurs au narcotique opèrent principalement en chemin de fer, sur les paquebots

et dans les hôtels. Ils sont essentiellement cosmopolites et les voyages forment la plus grande partie de leur existence.

Ils parlent comme un guide et connaissent les villes d'eaux et les bains de mer où l'aristocratie et la haute finance ont l'habitude de se réunir.

Le voleur au chloroforme est généralement un *fruit sec* ayant fréquenté les écoles de médecine, où il a connu l'emploi et l'efficacité des narcotiques.

Homme du monde, intelligent, aimable convive, sa conversation est entraînante ; il parle plusieurs langues et se délivre des titres de noblesse.

Au physique, c'est d'habitude ce qu'on appelle un homme « bien ».

Voici comment il procède en voyage : Il commence par chercher *son portefeuille*. Ses recherches commencent au départ et continuent en route. Le *chloroformiste* a vu, d'abord à la gare, au guichet, puis en wagon, pas mal de portefeuilles s'ouvrir devant ses yeux attentifs. Il choisit le mieux garni. L'homme au portefeuille devient son homme.

Le chloroformiste ne manque jamais

d'emporter dans son sac de voyage une réserve de victuailles, du bon vin, des cigares
de premier choix, des cartes à jouer, en un
mot tout ce qu'il faut à voyageur aussi expé-
rimenté.

Assis à côté du *portefeuille* il engage adroitement la conversation avec son voisin. Au
tiers du trajet, il fait ressortir les inconvé-
nients d'un buffet de chemin de fer, la cohue,
l'ennui, l'attente pour se faire servir et le peu
de temps laissé aux voyageurs.

D'une manière engageante il offre à son compagnon de voyage de partager son menu. Il
devait se rendre en Suisse avec un ami. C'est
au dernier moment qu'il a reçu de lui une
dépêche lui annonçant son regret de ne
pouvoir l'accompagner. Au besoin il montre
la dépêche : voilà pourquoi il est en possession de toutes ces provisions.

En cas de refus, son repas terminé, il présente, sans affectation, des cigares préparés
comme l'était son vin.

On cause, le temps s'écoule et la fumée du
cigare plonge le malheureux dans une tor-
peur qu'il ne peut vaincre. Il finit par s'as-
soupir. Alors le chloroformiste ouvre sa fiole

et la place, pendant quelques secondes, sous les narines du dormeur. En même temps, il applique doucement une feuille de parchemin très fin sur la bouche du dormeur, pour éviter les aspirations de l'air extérieur. Ce parchemin s'appelle l' « étouffoir ».

L'homme dort complètement, c'est presque un cadavre. Les vapeurs du chloroforme l'ont anéanti.

En toute sécurité, le voleur se livre à son opération. Il ouvre le portefeuille et s'empare de l'argent en ayant soin de laisser quelques billets de banque. Il replace le portefeuille dans la poche et ne touche pas au porte-monnaie, il respecte également les bijoux.

Voici la cause de cette façon d'agir :

Si le voyageur, à son réveil, n'ouvre pas le portefeuille et s'aperçoit du vol tardivement, il mettra la cause du départ de son voisin sur le compte de quelque incident imprévu. Si, au contraire, il constate la disparition de ses valeurs, il peut croire à une perte, à une erreur.

Un individu qui n'est pas dépourvu d'argent est moins pressé d'aller porter plainte.

Le voleur gagne du temps en s'éloignant.

*_**

Sur les paquebots, le chloroformiste cherche tout d'abord à se lier avec une famille
(riche, ça va sans dire). Il pelote le papa, la
maman et les enfants. S'il y a des jeunes
filles, il leur fait une cour discrète, un semblant de *flirt*. Il se fait le plus souvent passer
pour un médecin ; les femmes ont un faible
pour cette profession.

On débarque au Havre ou à Marseille : le
soi-disant docteur quitte la famille qu'il n'a
cessé de fréquenter pendant toute la traversée.

Alors, il s'attache au père de cette famille
qui a eu la légèreté de mettre sa confiance
eu un inconnu. Il devient crampon et à force
de politesses, de petits services de toutes
sortes, il finit par devenir un *ami* du *portefeuille*.

Un jour il l'invite à dîner en cabinet particulier, entre hommes : pour causer libre-
ment et boire de vieux vins.

On sait que le défaut principal de la plupart des cabinets particuliers c'est d'être trop
étroits et de manquer d'air.

Le chloroformiste exploite cette situation.

Le repas terminé, pendant que le garçon enlève le dessert, change la nappe et prépare le café et les liqueurs, il se lève et invite son compagnon à fumer un cigare à la fenêtre.

Le café bien chaud est servi et attend dans les tasses. Le voleur attire l'attention de son convive sur une fille qui passe... et s'efface légèrement sans cesser la conversation.

Par prudence, et pour le maintenir dans cette position, il a le soin de laisser sa main gauche reposer sur l'épaule de sa victime ; puis il étend l'autre bras et la main verse le pernicieux liquide dans la tasse qu'il lu destine.

Le narcotique ne tarde pas à produire son effet. Le pigeon s'endort et le voleur s'empare de son portefeuille et le soulage de la plus grande partie de son contenu.

Puis, tranquillement, sous prétexte d'aller aux cabinets, il s'esquive..

XXII

MALFAITEURS ET POLICIERS

Les malfaiteurs de profession connaissent les établissements où ils peuvent se rencontrer en toute sécurité.

Brasseries, hôtels, restaurants sont inscrits sur les carnets des voleurs touristes. Ces carnets indicateurs ne laissent rien à désirer au point de vue de l'exactitude. Logeurs, cafetiers, propriétaires de grandes brasseries ou de petites crèmeries savent à quoi s'en tenir sur la valeur de leurs clients qu'ils favorisent, soit en leur indiquant des maisons où, sous de faux noms, ils peuvent se cacher, soit en les présentant sous un aspect favorable aux inspecteurs de police qui auraient tout intérêt à connaître leur véritable métier.

Les malfaiteurs de profession se divisent en plusieurs catégories, ainsi que je l'ai déjà expliqué dans mes précédents chapitres : depuis les voleurs et assassins de la « haute », jusqu'aux représentants de la basse pègre.

Le lecteur se rappelle peut-être le nom d'Altmayer, de fameuse mémoire, au bagne aujourd'hui, qui a pendant longtemps défrayé la chronique judiciaire.

Escroc, faussaire, voleur, il changeait de nom comme de chemise et s'appelait tantôt comte de X..., tantôt prince G..., tantôt marquis de L... Il ne s'affublait de noms roturiers que lorsqu'il en avait absolument besoin. Lorsqu'il n'était qu'un simple M. A..., B... ou C..., il en souffrait cruellement.

En quelques années, des sommes considérables, plusieurs centaines de mille francs, sont passées par ses mains.

Plusieurs fois arrêté, il avait réussi chaque fois à s'évader.

Pincé finalement, il fut envoyé aux travaux forcés, mais la police ne désespère point de se rencontrer encore avec lui.

Et la bande des *Aristos* qui vient d'être capturée par M. Cochefert, le distingué chef de la Sûreté, et dont les membres méritent une place d'honneur dans ces *Bas-Fonds?*...

La bande avait deux chefs, ou plutôt deux commanditaires, qui fournissaient les fonds nécessaires à l'opération. C'étaient : Jules Dhulu, dit l'Ours, et Emile Mayer dit l'Écuyer,

Dhulu menait, avec sa femme, une vie très régulière; il habitait une coquette villa à Saint-Ouen-l'Aumône, près de Pontoise, et se faisait passer pour rentier. De même Mayer, qui demeurait à Levallois-Perret, 35 *bis*, rue de Courcelles.

Les deux complices avaient à leur service un nommé Dieudonné, demeurant rue Quincampoix, dont la mission était de rechercher par toute la France les bons coups à faire, de procéder aux enquêtes préliminaires et de fournir ensuite aux exécuteurs tous renseignements utiles.

Le produit des vols, consistant le plus souvent en obligations ou titres divers, était remis par Dhulu et Mayer à un négociateur, Van Horden, ancien employé de banque, domicilié à Wavre-Sainte-Catherine, près de Malines (Belgique). Pour ne pas éveiller de soupçons, Van Horden s'était fait ouvrir,

sous des noms divers, des comptes dans les
principaux établissements financiers des
grandes villes de France; c'est ainsi qu'il
s'appelait Dumoulin à Reims, Frémont à
Lille, Maline à Lyon, Mercier à Roubaix,
Merlin à Marseille; ailleurs : Leroy, Renan,
Massé, Molier, etc.

Van Horden venait souvent à Paris pour
voir ses complices; c'est au cours d'un de
ses voyages qu'il fut arrêté, ces jours derniers, au moment où, dans un cabinet particulier d'un restaurant des boulevards, il
dépouillait des liasses d'obligations que venaient de lui remettre ses complices; c'était
le produit des derniers exploits de la bande :
120,000 francs soustraits à M. Lamarinière,
notaire au Raincy; 80,000 francs enlevés à
un propriétaire de Bordeaux, et 160,000
francs volés à un négociant de Reims.

Tandis que Van Horden était arrêté à Paris,
on opérait, à son domicile de Wavre, une
perquisition qui amenait la découverte de
35,000 francs cachés dans un plancher, et de
nombreux récépissés de dépôt de valeurs
dans diverses banques.

Le lendemain, M. Cochefert, accompagné

de M. Loysel, juge d'instruction à Pontoise, se présentait au domicile de Dhulu; celui-ci était absent; deux agents furent placés devant la porte de la villa, tandis qu'une perquisition était opérée à l'intérieur. Les magistrats se retirèrent, emmenant Mme Dhulu et emportant 50,000 francs de titres et 20,000 francs de bijoux. Lorsque le « rentier » arriva, loin, sur la route, il aperçut le groupe suspect, devina ce qui venait de se passer et s'enfuit à toutes jambes; depuis, on ne l'a plus revu.

Mayer et sa femme ont pu être arrêtés à leur domicile à Levallois; ils sont allés rejoindre au dépôt leurs complices.

* *
* *

Tous ces gens-là, comme Altmayer, comme Mayer, comme Dhulu, comme Van Horden, se livrent à l'assassinat *s'il le faut.*

Ils ne se servent de ce moyen que s'ils y sont absolument forcés, mais, ils s'en servent.

Un malfaiteur de profession devient souvent assassin sans le vouloir.

Une fois qu'il a fait jouer le couteau, il s'y habitue... et, neuf fois sur dix, il continue lorsque l'occasion se présente...

XXIII

LES PICKPOCKETS

Les pickpockets forment une véritable association internationale de malfaiteurs.

D'humeur voyageuse, ils passent une grande partie de leur existence en wagon ; ils restent dix jours à Paris pour s'en absenter quinze. En voyageant ils se forment l'esprit... et la main.

Ils adorent la capitale ; aussi, y reviennent-ils, après chaque tournée en province, se retremper dans ses plaisirs et dans ses débauches.

Pour enrayer les exploits de ces habiles détrousseurs, il a fallu créer une brigade spéciale d'agents qui ont patiemment étudié leurs allures et leurs procédés.

A la longue, ces agents arrivent à l'intuition de l'aveugle reconnaissant la fausse monnaie de la bonne; ils devinent la présence du gibier dans la foule, se passionnent à cette chasse et la pratiquent avec un véritable talent, sans souci du danger qu'ils courent, rivalisant de finesse et de ruse avec les plus madrés filous.

Dans cette lutte acharnée, sans bruit, sans apparat, l'agent trouve quelquefois la mort.

Cela ne décourage point les autres et la lutte continue.

Les agents appliquent au bien les qualités et les habiletés que les coquins mettent au service du mal. Agents et voleurs emploient les mêmes ruses pour se dissimuler, les mêmes allures, les mêmes déguisements.

Comme le trappeur des forêts d'Amérique, l'agent suit la piste du pickpocket pour connaître son gîte, pour savoir où le retrouver s'il le perd ou le laisse échapper dans une foule compacte.

Durant l'Exposition de 1889, la police a arrêté près de quatre cents pickpockets; or une centaine de ces voleurs étaient nantis de montres à remontoir perfectionnées avec secondes indépendantes toutes identiquement pareilles, mais ne portant aucune marque de fabrique. Sur le boîtier de chacune figurait seulement une étoile tracée au poinçon.

Portées dans la poche droite du gilet, sans attache, ces montres devaient servir de ralliement et de signe de reconnaissance pour cette bande de pickpockets internationaux.

Confrontés, ces individus ont prétendu ne pas se connaître et, sans faire le moindre aveu, se sont laissé condamner à des peines sévères.

***

Toute agglomération humaine est pour les pickpockets un champ d'exploitation. L'inauguration des statues leur donne l'occasion d'exercer leur adresse. Pendant que les orateurs s'adonnent au développement d'idées profondes, les pickpockets approfondissent les poches de leurs voisins.

Le vrai pickpocket n'est point un malfaiteur vulgaire. Il y en a même qui sont établis et paient patente à l'État. On trouve parmi eux des cafetiers, des bijoutiers, des joailliers, établis soit en France, soit à l'étranger. Tous ont l'apparence d'honnêtes commerçants ou de véritables gentlemen.

Ils ne pratiquent le vol qu'à certaines époques.

Dépensiers et viveurs, ce sont des *solitaires*, c'est-à-dire des malfaiteurs opérant le plus souvent, sans complices.

En fouillant les poches, le hasard les sert; c'est ainsi qu'ils prennent indifféremment des portefeuilles, des porte-monnaies, des montres et des tabatières.

Le pickpocket anglais est le plus connu mais non pas le plus habile; on lui a fait une réputation qu'il ne mérite pas. C'est surtout aux champs de courses qu'il se sent chez lui; il y opère avec une véritable *maëstria* tandis qu'il est plus gêné lorsqu'il se trouve dans la rue, surtout à Paris où la rue est si différente de celle de Londres.

L'Allemand est un excellent pickpocket à l'*esbrouffe*, genre de vol très ancien consistant à bousculer violemment une personne et profiter de son ahurissement pour lui enlever son portefeuille.

Les Russes et les Polonais sont froids,

méthodiques, tenaces. Rarement ils aban-
donnent la victime qu'ils ont choisie, avant
de l'avoir dévalisée.

Les pickpockets espagnols, alliant le vol à
la dévotion, sont pourvus de chapelets, reli-
ques et scapulaires, plaçant leur coupable
industrie sous l'invocation de la Sainte-
Vierge.

J'arrive à l'Italien qui est le roi des pickpockets. Il a, du reste, conscience de sa
supériorité et il en arrive à se moquer de
toutes les polices européennes. Malheureusement pour lui, il n'a pas la prudence de
l'Anglais. Et ainsi, malgré toute son habileté,·
il se fait prendre comme les autres.

*_**

La pickpocket joint généralement à son
métier de voleuse celui de fille galante.

Dans une bande de pickpockets organisée
régulièrement et arrêtée par la police l'année
dernière, les fonctions de chef reposaient
entre les mains d'une jolie fille de vingt ans,
qui dirigeait ses subordonnés avec une
énergie étonnante.

Son nom de guerre était : *La Main d'Or*.

De mœurs très dépravées, elle n'avait pas

parmi ses *hommes* d'amant attitré : elle leur
accordait ses faveurs, à tour de rôle...

D'habitude, celui des affiliés qui avait fait
la meilleure journée au point de vue des

bénéfices était autorisé à passer la nuit dans le lit de la *patronne*.

Au moment de l'arrestation de la bande, la pickpocket, prévenue au dernier moment du danger qu'elle encourait par un agent de la police des mœurs qui en était follement épris, eut le temps de filer à l'étranger.

Les complices furent condamnés à des peines variées ; quant à elle, elle échappa complètement à la justice. Elle est actuellement en Amérique où elle s'adonne au pickpockétisme.

XXIV

LES RAMASSEURS DE MÉGOTS

Jamais un bon bourgeois ne se figurera combien de mystères se cachent dans la vie de la plupart de ramasseurs de bouts de cigares : de mégots, comme l'on dit vulgairement.

Parmi ces gens-là, à la tenue de miséreux, au regard éteint (sans calembour : le mégot l'est aussi d'habitude), aux vêtements râpés, l'on trouve de tout : d'anciens viveurs d'anciens bandits, d'anciens commerçants que la fortune a trahis... et aussi de très authentiques maquereaux !

Ah, les ramasseurs de mégots ! Que de romans on pourrait écrire sur leur compte...

Pour vous donner un exemple de quels types extraordinaires l'on rencontre dans le monde des *mégotiers*, je vais vous raconter l'histoire du père Eugène, qui, vraiment, vaut la peine d'être contée.

Un jour, le chef de la Sûreté reçut la visite d'un bonhomme vêtu de haillons, portant une grande barbe noire et de longs cheveux lui tombant jusqu'aux épaules.

— Monsieur le chef de la Sûreté, lui dit cet homme, je me mets à votre disposition comme agent secret. Je connais beaucoup de monde, je vis au milieu d'escarpes et de filles, et je crois pouvoir être utile à la police.

— J'accepte vos offres, lui répondit le magistrat. Nous verrons si réellement vous pouvez nous donner des indications intéressantes. Naturellement, je ne puis vous promettre aucun fixe avant d'essayer vos moyens; dès aujourd'hui, je vous promets des primes pour chaque renseignement intéressant que vous m'aurez apporté.

Le bonhomme parti, on le fila.

C'est l'enfance de l'art : lorsqu'une personne vient offrir ses services à la police et si elle n'est pas connue de l'administration, on commence par se renseigner à qui l'on a affaire.

Les renseignements pris sur le père Eugène Vivier (c'était le nom du candidat-mouchard dont il s'agit) furent éblouissants.

Il était veuf et avait deux enfants : une fille, grande cocotte demeurant dans le quartier Marbœuf, et un fils, maquereau sur le boulevard Rochechouart.

Le père Eugène, lui, était mégotier. Sa journée finie, il passait ses soirées en compagnie de son fils et de la marmite de celui-ci dans les bouges de Montmartre.

Quelquefois le trio allait dîner rue de la Trémoille chez Mlle Yvonne de Saint-Hubert, fille du père Eugène.

En somme, les renseignements sur le père Eugène n'étaient pas très recommandables ; mais ils prouvaient qu'il avait des « relations », la chose principale en la circonstance.

Aussi, le chef de la Sûreté consentit à l'inscrire sur le registre des agents secrets

Les renseignements que le mégotier nous apportait ou nous envoyait quotidiennement étaient de tous points excellents. Il ne se passait pas une journée sans que le type ne nous donnât quelque chose de « chouette ».

En un mois, il nous mit sur la piste des assassins d'un concierge du faubourg Montmartre, il nous signala les chefs d'une bande de « rendems » qui faisait des ravages dans les quartiers populaires de Paris et il nous aida à découvrir l'endroit où se cachait un des plus terribles souteneurs de Belleville, qui avait assommé un gardien de la paix qui avait tenté de lui mettre la main au collet.

Le père Eugène devenait une *persona grata* à la Sûreté; le chef lui accorda un fixe de cent vingt francs par mois et lui promit, en outre, des primes pour les affaires exceptionnelles.

*
* *

Le père Eugène était tellement épatant que je finis par m'y intéresser sérieusement.

Je m'étais dit :

« Ce n'est pas possible, cet homme est trop malin; il doit avoir un cadavre dans son existence. »

Et tel un chien de chasse je m'attachai ses pas. Je fouillai son existence, ses mœurs, ses habitudes, son passé...

Mon enquête dura six mois...

Un matin, au rapport, je dis à mon chef :

— Patron, je crois que le père Eugène a un crime sur la conscience...

— Et pourquoi donc le supposez-vous? me demanda le chef de la Sûreté un peu étonné.

— Voici. Vous savez qu'il habite, depuis plusieurs années, dans la rue du Ruisseau, près de la porte Ornano, une bicoque à moitié démolie suivie d'une petite cour : propriété louée au nom de sa fille à un chiffonnier en gros qui en est propriétaire. Eh bien, patron, je ne sais pas si je me trompe, mais je parierais fort que dans la cour de cette petite maison où personne n'entre jamais il se cache un mystère. Pensez : le loyer de cette bicoque est de six cents francs par an. Jamais le père Eugène ne consentirait à se payer, même avec l'argent de sa fille, un loyer aussi chic s'il n'avait pas un intérêt puissant à conserver en sa possession cette propriété... On dit même que sa fille est en pourparlers avec le propriétaire de la maisonnette en question pour l'acquérir.

Le chef de la Sûreté réfléchit un instant et m'autorisa à continuer mon enquête.

Aussi, un matin, au moment où le père

Eugène se trouvait à la Sûreté, je me présentai rue du Ruisseau, en compagnie de deux inspecteurs de la Sûreté... et de mon chien...

Nous étant fournis de fausses clefs, nous n'eûmes pas beaucoup de mal à entrer dans l'intérieur de la maison du père Eugène.

Une fois que nous fûmes dans la cour, je me mis à observer mon chien... Et je vis avec satisfaction que je ne m'étais pas trompé. Azor, après avoir aboyé sourdement, courut vers un coin de la cour et se mit à gratter la terre de ses pattes en poussant des grognements.

N'ayant plus aucun doute sur ce qui devait se trouver à l'endroit qui intéressait tellement mon chien, j'envoyai un de mes inspecteurs chercher le commissaire de police du quartier.

Munis de pioches, nous creusâmes la terre à l'endroit indiqué... et nous y trouvâmes un cadavre de deux ans dans un état complet de putréfaction.

A ce moment, le père Eugène, ne se doutant de rien, arriva tranquillement chez lui. Nous lui mîmes la main au collet.

Se voyant pris, il avoua tout.

Il y avait deux ans, sa fille avait attiré rue du Ruisseau (la bicoque où logeait le père Eugène avait été louée à cet usage) un de ses amants, un riche Brésilien de passage à Paris. Le père Eugène, aidé de son fils, le marlou, assassina le riche étranger. Après l'avoir dévalisé, le père et le fils l'enterrèrent dans la cour...

Le fils du père Eugène, Narcisse Vivier, et sa fille, la belle Yvonne de Saint-Hubert, furent arrêtés, à leur tour, à la suite de la déposition de leur papa.

Eugène et Narcisse eurent le cou coupé place de la Roquette ; la demoiselle alla passer dix années dans une maison de réclusion.

Ce fut une cause célèbre dont on parla beaucoup il y a douze ans... Mais on oublie si vite à Paris...

XXV

A. BATIGNOLLES

Le quartier des Batignolles qui a la réputation, bien méritée, du reste, d'un petit pays de rentiers et de gens tranquilles, est en même temps un quartier de voyous, de marlous de la pire espèce, de maquignons et de prostituées de bas étage.

C'est pourquoi ce quartier pittoresque a une place tout indiquée dans les *Bas-Fonds de la prostitution et du crime.*

Commençons par la place Clichy, — la place Moncey, — cette place si mouvementée, si gaie, si parisienne !

Comme dans toutes les rues des Batignolles, la population et la clientèle qui fréquentent les cafés dont elle regorge se divisent en deux catégories bien distinctes :

1° La bourgeoisie moyenne, aisée et tranquille ;

2° La bohème du vice.

Au point de vue indiqué ci-dessus, l'avenue de Clichy ressemble absolument à la place Moncey.

Entrez à la brasserie Muller, l'ancien café Guerbois, vous y rencontrerez des bourgeois tranquilles, de braves rentiers avec leurs dames et demoiselles, et par-ci par-là, quelques noceuses « honnêtes » du quartier ; allez chez n'importe quel marchand de vin du voisinage et vous tomberez en pleine marée : vous n'aurez que l'embarras du choix entre les maquereaux et les raies de tout âge que l'on vous servira à toutes les tables.

Plus on descend les avenues de Clichy et de Saint-Ouen, plus on tombe dans les bas-fonds de la prostitution et du monde qui l'exploite. Aux barrières, c'est une véritable infection.

On sait ce qui se passe aux fortifications, sur les talus, du côté des portes de Saint-Ouen et de Clichy.

Des voyous de la dernière catégorie, accompagnés de fillasses en cheveux, se vautrent dans la pire des débauches et atten-

dent le passage d'un ivrogne attardé pour
lui faire son affaire.

De véritables bandes de malfaiteurs se cachent dans les repaires avoisinant les fortifications ; le bas de l'avenue de Clichy et de
l'avenue de Saint-Ouen sont, à partir de deux
heures du matin, extrêmement dangereux, et
la police est impuissante à y assurer la sécurité des passants attardés.

Comme je viens de le dire, les Batignolles
possèdent de véritables bandes de malfaiteurs. Chacune de ces bandes est dirigée par
un chef, généralement un marlou du quartier : le plus grand et le plus fort entre tous.

Celui de ces chefs de bande qui arrive, à
la suite d'une série de hauts exploits, à se
faire une grande réputation dans son monde,
reçoit le nom de la *Terreur des Batignolles*.

J'ai connu, pendant mon existence de
policier, plusieurs *Terreurs des Batignolles*.
Presque tous ces bandits étaient de tout jeunes gens, dépassant rarement vingt à vingt-
cinq ans. Ils ont tous péri soit à l'échafaud,
soit au bagne.

Il est à remarquer qu'il n'y a jamais à la
fois deux *Terreurs des Batignolles*.

La *Terreur* est une sorte de souverain élu
par le *vox populi*. C'est un prince des mar-

lous et des bandits que tous ses camarades...
et toutes ces demoiselles du quartier respec-
tent comme un chef.

Une *Terreur* peut se payer des béguins
tant qu'il veut. Toutes les gigolettes du quartier sont heureuses de lui accorder leurs
faveurs.

Hélas, à la suite d'un assassinat qui a fait
trop de bruit, la *Terreur* finit par se laisser
prendre par des *flics*.

Et cette souveraineté de passage finit dans
le panier à Deibler... ou à la Nouvelle...

Et l'on procède à une nouvelle élection.

XXVI

Il est évident que les hôtels dont je vais parler dans les *Bas-fonds de la prostitution et du crime* ne sont pas les grands hôtels de Paris, au contraire.

Le lecteur ne trouvera point ici la description des hôtels des grands boulevards, ni de la rue de Rivoli, même pas de ceux qui avoisinent nos gares de chemins de fer.

Je parlerai tout bonnement de ces bouges que, lorsque j'étais à la préfecture de police, j'avais l'habitude d'appeler « les hôtels à punaises ».

Si je les appelais ainsi, ce n'est pas seulement pour cette raison que les chambres d'hôtels en question sont assiégées, comme on sait, par de véritables régiments de punaises; non, je me servais dans le cas présent du mot « punaise » surtout au figuré.

Nous autres, hommes de police, nous appelons « punaise » une femme de mauvaise vie tombée au dernier degré du vice, sale au moral comme au physique et dont l'odeur rappelle celle de la petite bête dont il s'agit.

Les fillasses que vous voyez rôder près des fortifications, sur les boulevards extérieurs, à la Villette, place Maubert, sont, dans notre langage imagé, des *punaises;* des *punaises* également, les particulières qu'on rencontre dans les cabarets borgnes des Halles, de l'avenue de Saint-Ouen et du Point-du-Jour. Eh bien, toutes ces femmes-là, toutes ces *punaises,* vivent en garni avec leurs marlous. Les logeurs qui les reçoivent chez eux sont donc des hôteliers à punaises.

Les hôtels à punaises sont situés généralement dans des ruelles sales, infectes, qui empoisonnent les rues voisines par l'odeur qui s'en dégage. Paris est rempli de ces ruelles-là, même dans les quartiers très propres.

Prenons, par exemple, le boulevard Saint-

Germain qui est entouré de petites rues étroites et sales, débris du moyen âge, et où pullulent les hôtels dont il s'agit.

La Villette, Belleville, Ménilmontant et aussi Montmartre et les Batignolles sont aussi remplis d'hôtels à punaises.

Je vais vous donner, pour ainsi dire, la physiologie d'un hôtel à punaises.

L'hôtel a généralement deux, quelquefois trois étages. Les chambres se louent vingt ou trente sous pour une heure; trente ou quarante sous pour la nuit; quinze à trente francs par mois.

Les chambres, sommairement meublées, sont noires et sales; le garçon ou le patron lui-même (si l'hôtel n'a pas de garçon, ce qui arrive assez souvent) les *fait* rapidement et sans se fatiguer. Il se contente de vider les eaux sales, de remuer un peu les draps (on ne les change qu'une fois par mois et encore!), de donner un petit coup de balai, et c'est tout. La plupart du temps, il ne se donne même pas la peine d'ouvrir les fenêtres en faisant les chambres; aussi, à la longue, ces dernières se trouvent dans un état très propice au développement d'animaux parasites qui s'y

logent... et de toutes sortes de maladies con-
tagieuses.

Une partie des chambres dans les hôtels
de cette espèce sont occupés au mois par des
filles et leurs marlous ; l'autre partie est
réservée aux passes.

Ainsi, une fille qui est locataire d'un hôtel
de cette catégorie a l'habitude d'y amener
des clients de passage.

Elle occupe, par exemple, avec son
amant, le n° 3, et vient faire l'amour avec des
inconnus au 4 ou au 5.

Au cas où son client ne voudrait pas
la payer, ou chercherait à lui faire des
misères, le souteneur, qui fume tranquillement sa pipe au *trois*, étendu sur son lit,
apparaîtrait tout à coup comme un *Deus ex
machina* et ferait entendre raison à ce client
peu raisonnable.

En outre, la fille est d'accord avec le
patron à qui elle amène des clients, et qui,
en échange, lui doit aide et protection.

De son côté, la fille considère comme un
devoir moral de ne pas conduire les michés
dans d'autres hôtels que celui où elle
demeure ; ce serait une mauvaise action,

une « saleté » que son logeur ne lui pardon-
nerait pas.

Les patrons des établissements en fonction
sont, la plupart du temps, d'anciens marlous
et des recéleurs.

Ils sont en bons termes avec la police et
servent d'indicateurs au service de la Sûreté
de peur qu'on ne leur ferme leur baraque ;
mais la police se méfie avec raison de leur
franchise apparente et des renseignements
qu'ils viennent fournir de temps à autre.

Ils dénoncent leurs ennemis, leurs concur-
rents, mais se gardent bien de brûler leurs
copains. Ce sont des *casseroles fêlées*.

La police de sûreté et le service des
mœurs viennent assez souvent rendre des
visites nocturnes aux locataires d'hôtels à
punaises. Quelquefois, on réussit, pendant
ces descentes, à mettre la main sur des
malfaiteurs qui s'y reposent en compagnie
d'une fille ramassée dans la rue. Mais, la
plupart du temps, la descente n'aboutit à
aucun résultat. Les filles qui habitent ces
hôtels sont toutes en carte, donc en règle,
et l'on ne peut pas arrêter leurs souteneurs
sans motif sérieux.

13.

Par conséquent, une descente de police dans les hôtels à punaises, c'est généralement une simple visite... presque une visite de politesse.

On entre dans les chambres de ces dames, on contrôle leurs cartes, on demande à ces messieurs leurs papiers... et l'on va boire un coup chez le patron de l'hôtel.

XXVII

DÉVALISEURS DE VILLAS

M. Goron, ancien chef de la Sûreté, consacre dans ses mémoires un chapitre aux dévaliseurs de villas, métier peu honorable, mais lucratif et très répandu dans les environs de Paris.

Les dévaliseurs de villas ne sont jamais, contrairement aux *picpockets*, des *solitaires*; ils font généralement partie de bandes bien organisées qui travaillent tantôt à Neuilly, tantôt à Boulogne-sur-Seine, tantôt plus loin au nord, au sud ou à l'est.

On se rappelle la fameuse « bande du Marquis », dirigée par un jeune homme de bonne famille, Caze de Berzieux, fils d'un écrivain de talent, Robert Caze.

Robert Caze de Berzieux, tué en duel par

M. Charles Vignier, il y a une dizaine d'années, avait laissé une jeune veuve et un enfant, un petit garçon de dix ans.

Mme Caze suivit bientôt son mari dans la tombe, et l'enfant, resté seul dans la vie, fut abandonné presque à lui-même, n'ayant que de la famille éloignée qui n'a eu « rien à se reprocher » après avoir placé le gamin dans une vague pension, — tel le pauvre Jack d'Alphonse Daudet, — pension dont il s'évada à l'âge de treize ou quatorze ans pour commencer sa vie aventureuse qui finit par le conduire au bagne où il est à présent.

La bande du Marquis avait parmi ses membres, en dehors de Caze de Berzieux lui-même, plusieurs *gentlemen* dont une partie resta impunie, tandis que les sous-ordres de la bande attrapèrent de nombreuses années de travaux forcés.

Il faut rendre cette justice à Caze de Berzieux qu'il ne déclina point sa responsabilité. Il agit en véritable gentilhomme et ne se cacha point derrière le dos de ses collaborateurs.

Caze de Berzieux et ses lieutenants menèrent dans toute l'acception du mot une grande

vie. On les voyait aux courses, aux premières;
ils fréquentaient les endroits de plaisir et les
restaurants à la mode.

La police vint les cueillir dans des appar-
tements ultra-chics où ils menaient vie
joyeuse, en compagnie de petites femmes...

*
* *

L'ancien chef de la Sûreté, M. Goron, fut
par excellence la terreur des malfaiteurs
suburbains. Étant encore secrétaire du commissaire de police à Neuilly, il leur déclara
une guerre acharnée; il la continua étant
devenu chef du service de Sûreté.

L'inspecteur principal Jaume, le plus malin peut-être de tous les inspecteurs qui ont
passé par le quai des Orfèvres depuis vingt
ans, prêta à M. Goron, dans cette lutte acharnée, un concours incomparable.

Déguisé tantôt en camelot, tantôt en ouvrier, tantôt en paysan, il fit, en peu de
temps, de véritables ravages parmi les
dévaliseurs de villas.

Un jour, il fit lui-même partie d'une « expédition » et assista au commencement du
« nettoyage » d'une villa suburbaine, pen-

dant qu'il envoyait prévenir les gendarmes par un de ses agents.

Lorsque les gendarmes arrivèrent, juste à temps, ils arrêtèrent tout le monde, Jaume comme les autres. Il n'y a qu'au commissariat de police que l'inspecteur principal fut reconnu et relâché.

J'ajoute que M. Jaume, après avoir quitté le service de Sûreté, dirige aujourd'hui une importante agence de police privée, rue Feydeau.

***

LA BANDE A GRISON

On connaît mal l'histoire de Grison, le bandit de fameuse mémoire qui, pendant longtemps, exploita les environs de Pantin. Grison était, malgré son jeune âge (il avait vingt-deux ans à peine), un malfaiteur consommé.

Il était doué d'une force herculéenne et d'une énergie extraordinaire.

On se rappelle le duel « à l'arme blanche » entre Grison et le célèbre assassin Allorto, le complice de Sellier.

Allorto et Grison se disputèrent le titre de « chef des voleurs de la Chapelle ». Un soir, au courant d'une discussion à ce sujet, ils sortirent leurs couteaux et décidèrent d'un commun accord de régler la question dans le sang...

Le duel sanglant eut lieu en présence de nombreux témoins : le lendemain, au petit jour, Allorto fut ramassé par les agents, le corps criblé de huit coups de couteau.

On comprend qu'un homme comme Grison, le vainqueur d'Allorto, devait avoir une grande influence sur la basse populace au milieu de laquelle il opérait.

La police de Sûreté a eu un mal énorme pour s'emparer de lui. Pour arriver à ce résultat, l'inspecteur principal Gaillarde avait dû mettre le revolver au poing et appeler à son aide de nombreux gardiens de la paix qui eurent beaucoup de peine avant de réussir à le ligotter.

Grison avait été condamné aux travaux forcés à perpétuité, pour tentatives de meurtres, vols à main armée. Mais on ne l'avait pas envoyé à un pénitencier, où il aurait attendu le premier bateau pour Cayenne; car il n'en avait pas terminé avec la justice.

Espérant obtenir de lui quelques éclaircis-

sements au sujet d'une nouvelle affaire dans
laquelle il était compromis, on le gardait
encore; deux ou trois fois par semaine, on le
menait de la Grande-Roquette au Palais de
justice, où il subissait les interrogatoires de
M. Bedorez.

Selon l'usage, on l'amena un beau jour à
la souricière traditionnelle; il était très calme;
on le confia à un garde de Paris un peu naïf
auquel il parla avec un abandon enjoué de ses
remords et des fatalités de l'existence qui
font qu'un homme rempli de bonnes inten-
tions en arrive à avoir affaire à la justice.

Le garde, vers cinq heures, en ayant reçu
l'ordre, le conduisit dans le couloir du juge
d'instruction et se tint à ses côtés, en face du
cabinet de M. Bedorez.

On attendit tout en causant.

Puis, Grison dit au garde :

— Je crois bien que je ne mangerai pas ce
soir, il faut que j'en fasse mon deuil : quand
je rentrerai, la soupe sera mangée.

« Eh ! monsieur le garde, ne pourriez-vous
pas activer un peu le mouvement?

En bon enfant qu'il était, le garde se
leva, entr'ouvrit la porte de M. Bedorez et

Eubin de Beauvais

BERTIN & Cie

demanda ce qu'il devait faire de son prisonnier.

— C'est entendu, dit le juge, faites-le entrer de suite.

Le garde chercha Grison, mais il avait disparu.

— Il est parti! dit le municipal; et il s'affaissa sur son banc, en pleurant.

Grison, pendant ce temps, se dépêchait de déguerpir. Rapidement, il dégringola l'escalier, traversa la cour de Mai et s'en alla par la grande grille du Palais.

Dans sa précipitation, sur le boulevard du Palais, il renversa un vieux monsieur; ce dernier se mit à pousser des cris terribles et amassa la foule autour d'eux; voyant le danger, Grison se mit à jouer des poings et prit sa course vers le quai aux Fleurs.

Revenu de son évanouissement, le garde avait prévenu le poste du Palais; les municipaux fouillèrent toutes les rues voisines et se lancèrent à la poursuite du fuyard.

Mais toutes les recherches furent vaines, Grison fut introuvable. Encore une fois, le service de la sûreté avait la tâche de rattraper le prisonnier.

Grison était un de ces têtus qui ne quittent jamais Paris ; il ne faisait pas partie de ces internationaux, ayant des refuges tout préparés, comme Ménégaut à Londres et à Bruxelles.

Tréard, Latrille et Blanchet, trois agents qui avaient la spécialité de vivre, à l'occasion, dans la basse pègre, furent chargés de rechercher Grison.

Latrille était un des agents qui avaient arrêté Ribot et Jeantroux, les assassins de la rue Bonaparte, et il avait une grande habileté pour se glisser dans les cabarets louches fréquentés par les cambrioleurs.

Quelques jours à peine après l'évasion de Grison, les attaques nocturnes et les vols à main armée reprenaient de plus belle à Pantin. Il était certain que c'était Grison qui avait réorganisé une nouvelle bande encore plus dangereuse que l'ancienne.

Les investigations des agents se portèrent surtout du côté de Montmartre, de la Chapelle, de Pantin et de Saint-Ouen.

Au bout d'une quinzaine de jours, ils parvinrent à retrouver les traces de Grison ; on l'avait vu dans différents cabarets mal famés

avoisinant les fortifications. Pendant trois
jours, on le suivit à la piste de bouge en
bouge, de taudis en taudis.

Enfin, le quatrième jour, vers cinq heures
du soir, les trois inspecteurs reconnurent
Grison qui buvait, en compagnie de sept ou
huit autres gredins de son espèce, dans un
cabaret borgne hors des fortifications, dans
la zone militaire, près de la poterne de Saint-
Ouen. Ce bouge, bien connu de la police, portait le nom pittoresque de : « La boîte à
Pierre le Voleur. »

Les trois agents hésitèrent un instant sur
le parti à prendre ; ils savaient quels gaillards
déterminés étaient ces bandits, toujours prêts
à jouer du revolver ou du couteau.

Trois contre huit, la disproportion était
vraiment trop grande ; de plus, s'ils ne par-
venaient pas à mettre immédiatement la
main sur Grison, le bandit pouvait s'enfuir
à travers champs. Il ne fallait point songer à
une poursuite en pleine campagne. Si Grison
sortait de « la boîte à Pierre le Voleur », il
était sauvé. Jamais on ne l'aurait rattrapé
dans ce dédale de bicoques, de petits murs,
de fossés qu'il connaissait à merveille. Aussi

nos trois hommes résolurent-ils d'envoyer chercher du renfort.

Pendant que Tréard et Latrille restaient en observation, surveillant toutes les issues du cabaret, Blanchet courut au poste de la rue Marcadet et revint avec quatre gardiens de la paix qui mirent sabre au clair et gardèrent les portes de la maison.

Alors il se passa une scène de mélodrame que M. Goron, l'ancien chef de la Sûreté, raconte dans ses intéressants *Mémoires*.

Pendant que les gardiens de la paix font le guet, les trois agents pénètrent brusquement dans « la boîte à Pierre le Voleur », et d'un bond s'élancent sur Grison. Mais celui-ci a vu les agents ; vivement, il se jette de côté, et, tirant un revolver de sa poche, fait feu, presque à bout portant. De leur côté, ses camarades, revenus de leur surprise, sortent leurs armes, tiennent tête à Latrille, à Tréard et à Blanchet ; ceux-ci ripostent, et c'est dans l'étroite bicoque, pendant quelques minutes, une véritable fusillade.

Un des agents a même la main droite traversée par une balle, un autre a son chapeau enlevé.

Pendant ce temps, Grison, qui a déchargé les six coups de son revolver, saisit son couteau, une large lame catalane qui avait vingt centimètres de longueur, et il se fraye un chemin jusqu'à la fenêtre, par laquelle il saute et s'enfuit dans un terrain vague.

Mais l'agent Tréard l'a vu ; il saute derrière lui et, comprenant qu'il ne pourrait le rejoindre, il lui tire un coup de revolver.

Grison tombe, une balle l'a atteint à la cuisse droite. L'agent court, il va le saisir ; mais le bandit s'est relevé et son couteau brille toujours dans sa main.

— A bas le couteau ! dit Tréard en braquant son revolver sur Grison, ou je te casse la tête.

L'agent avait dit cela avec une telle autorité que le forçat, après avoir hésité une seconde, comprenant que Tréard était capable de tirer, jette son couteau et tend lui-même ses mains au cabriolet.

Pendant que cette scène se passait, les gardiens de la paix arrêtaient le reste de la bande.

On ficela soigneusement Grison et on l'amena à la Sûreté.

. — Allons ! disait-il, en entrant, où est-il ce Goron, que je lui casse la gueule ?

Mais toutes ces violences et toutes ces bravades ne furent qu'un feu de paille, car il souffrait beaucoup de la balle qui lui était entrée dans la cuisse.

On voulait aller chercher un médecin, il s'y opposa.

— C'est vous qui me l'avez *foutue*, dit-il, c'est à vous de me la retirer !

Alors, Gaillarde prit un canif et fut assez adroit pour extraire la balle. Le bandit était satisfait et il consentit à se laisser panser ensuite par le médecin du Dépôt.

Il ne fut pas d'ailleurs malade une seule journée, et peu de temps après il repassait en cour d'assises, où il était condamné une seconde fois aux travaux forcés à perpétuité.

Malgré toute son adresse, Grison ne s'est pas échappé du bagne où il est encore à l'heure qu'il est.

XXVIII

ASSASSINS DE FILLES

Lorsqu'on parle des assassins de filles, deux noms, immédiatement vous viennent à l'esprit :

Pranzini ;

Prado.

L'un comme l'autre furent des aventuriers de premier ordre : Pranzini, un Levantin à la tête de bellâtre, gaillard solide aux membres du corps tellement développés que les femmes l'appelèrent « Chéri *magnifique* » ; Prado, un Espagnol laid et trapu et qui cependant avait le don de se faire aimer de toutes les dames qui avaient du « tempérament » dans les veines.

Je ne vais pas raconter ici l'histoire de ces deux assassins, cette histoire étant trop connueetencoreprésente dans la mémoire de

tous. Je tâcherai seulement de mettre à nu
le côté psychologique de ces individus, et

14

l'état d'âme de ces deux types de l'espèce dont il s'agit fera bien comprendre au public celui de la plupart de leurs semblables.

J'essaierai également d'expliquer pourquoi les êtres dans le genre de Prado et de Pranzini possèdent le pouvoir de soumettre à leur domination toute une catégorie de femelles.

Occupons-nous d'abord de Pranzini.

J'ai exagéré un peu en l'appelant « aventurier de premier ordre ». C'est seulement dans ses rapports avec les femmes qu'il était de première force ; dans les affaires plus ou moins véreuses qu'il avait entreprises en dehors du maquereautage ; dans tous ses voyages à travers les vieux et nouveau monde il s'était toujours montré un filou de marque moyenne volant bêtement de petites sommes et incapable de conceptions grandioses qui font d'un voleur ou d'un escroc un homme supérieur.

Le voilà tombé un matin sur le pavé de Paris.

Pour un étranger qui se trouve sans le sou dans la capitale du monde, il y a trois voies à suivre :

1º Chercher une place ;

2º Voler ;

3º Faire du maquereautage.

Pranzini n'avait aucune disposition pour le travail ; il ne savait pas voler intelligemment : il se fit entretenir par les femmes.

Il rencontra sur son chemin des personnes du monde, des cocottes, des actrices ; il fut heureux...

Mais ses goûts crapuleux l'attirèrent vers le crime.

Il tua... et paya son crime sur l'échafaud, on le sait.

***

Prado, lui, ne fut pas comme Pranzini un homme de rien. C'était un mondain accompli, un *gentleman* dans toute l'acception du mot.

Et cependant il finit comme Pranzini, place de la Roquette... pour le même motif.

Voyons maintenant, comment, pour quelle raison, deux hommes de nature aussi différente : un rastaquouère levantin et un gentilhomme espagnol, avaient réussi à se faire à Paris cette célébrité, de mauvais aloi, soit, mais en somme une célébrité ultra-parisienne et par conséquent universelle.

Toutes les femmes les aimèrent... Pourquoi? Eh bien, parce que l'un comme l'autre avaient d'abord les qualités du mâle... toujours prêt, et ensuite parce que, au lieu de s'amuser à faire des théories sur l'amour... ils faisaient...de la pratique

C'étaient, en somme, de grands amoureux... ils aimaient passionnément, ces brutes, ces bêtes... Mais ils aimaient... voilà leur force.

Ajoutons qu'ils traitaient les femmes comme elles le méritent... c'est-à-dire en leur fichant des coups de temps à autre... la meilleure distraction pour le sexe faible.

Ils ont eu tort d'aller jusqu'à l'assassinat, c'est évident.

Mais s'ils ne s'étaient pas fait arrêter... leurs crimes les auraient encore retrempés dans leur force de mâles...

Et combien trouvons-nous à Paris des Prado et des Pranzini... qui ne valent pas mieux que ces derniers... et qui, cependant, se promènent tranquillement sur le boulevard

Le vrai maquereau (dans le sens grandiose
du mot) *doit* sinon assassiner, du moins
être capable d'assassiner s'il le faut... Sinon
c'est un vulgaire marloutin...

XXIX

PETITES FLEURISTES

Le métier de petite fleuriste ressemble à la profession de journaliste : il conduit à tout, à la condition d'en sortir.

Ainsi, l'une de nos plus célèbres divettes de café-concert, à l'âge de dix ans, vendait des fleurs... et... embrassait les vieux messieurs sur le boulevard Saint-Michel.

Les petites fleuristes que vous rencontrez dans les rues et sur nos boulevards en train d'offrir aux passants des violettes avec un sourire provocant, sont exploitées et conduites au vice par des parents criminels.

Rien d'ignoble comme ces pères et ces mères indignes qui poussent leurs enfants vers la débauche! Il n'y a pas de lois assez sévères pour punir ces misérables!...

Lorsque les enfants de ces êtres sans conscience sont tout petits, leurs mères se livrent
à la mendicité en les portant dans leurs bras
ou en les conduisant par la main dans le but
d'attendrir le cœur des passants.

Plus tard, lorsqu'ils arrivent à sept ou
huit ans, on envoie les gamins mendier à
leur tour dans les rues ; quant aux petites
filles, surtout quand elles sont jolies, on en
fait de petites fleuristes...

C'est un métier très lucratif.

La petite fleuriste est généralement suivie
à distance par la mère, le père ou un frère,
assez grand pour lui servir de protecteur.

Avant de la lancer sur la voie publique, on
lui apprend son métier... Elle sait qu'elle
doit accoster seulement les messieurs bien
mis, de préférence les vieux... surtout quand
ils sont décorés...

En accostant un monsieur, elle doit commencer par lui sourire gentiment et lui
dire :

— Bonjour, monsieur, voulez-vous m'a-
cheter un petit bouquet, s'il vous plaît?

Si le monsieur a l'air de s'intéresser à la
petite vendeuse, elle doit se faire plus

aimable, plus gentille... avec une voix de plus en plus caressante, avec des yeux de plus en plus provocants...

Heureusement pour l'humanité, tous les hommes ne sont pas des cochons. Aussi, fort souvent, la petite fleuriste en est pour ses frais... Mais non moins souvent, le monsieur accepte les offres de la gamine... la suit dans une ruelle déserte... hèle un fiacre... y monte avec la petite... et... et... inutile d'insister.

Il arrive, moins rarement qu'on le croit, qu'au moment où le monsieur s'apprête à monter avec la petite fleuriste dans une voiture, il aperçoit tout à coup derrière lui un gaillard solide qui l'attrape par le bras et lui dit d'une voix terrible ;

— Salaud, c'est mon enfant (ou bien « C'est ma sœur ! ») vous vouliez la débaucher; heureusement que je suis arrivé à temps !... Je vous tiens et je ne vous lâche plus... Allons nous expliquer chez le commissaire de police.

Il va sans dire que, dans le cas en question tout s'arrange à l'amiable.

L'amateur de fruits verts, effrayé, accepte

les conditions de paix du maître-chanteur,

lui donne vingt, cinquante ou cent francs,
selon les exigences de cet individu, et il

décampe sans se retourner, très heureux au fond de s'être tiré à si bon marché d'une si sale aventure.

Comment finissent les petites fleuristes? Je l'ai dit au début de ce chapitre.

Elles deviennent quelquefois chanteuses à la *Scala*, mais, plus souvent, s'abritent contre les bourrasques de la vie... à Saint-Lazare.

XXX

LE GIBIER A DEIBLER

Ce dernier chapitre des *Bas-Fonds* me servira en quelque sorte de récapitulation des chapitres précédents.

Gibier à Deibler! n'est-ce pas un titre qui pourrait s'appliquer à toutes les parties de cet ouvrage ?

N'est-ce pas du gibier à l'usage de notre bourreau national, ces gigolettes et ces marloutins qui se baladent sur les talus des fortifs et dont j'avais parlé dans le premier chapitre des *Bas-Fonds?*

Du même gibier encore, les citoyens qui s'amusent chez le *Père Lunette;* les danseurs et les danseuses qui chahutent dans les bals des Vaches; les jeunes et vieilles hirondelles

qui, penchées à leurs fenêtres, allument les
passants bénévoles...

Les *pick-pockets*, les voleurs au *rendez-moi*
et à l'*américaine*, les voleurs à *la tire*, les
marlous de toute espèce, les chloroformistes,
les vagabonds, les assassins de filles, les
dévaliseurs de villas, etc., etc., qui figurent
dans cette étude, font également partie de
cette armée du vice dont les plus dignes
représentants périssent sous le couteau du
bourreau.

Gibier à Deibler, toute cette crapule parisienne contre laquelle la police lutte avec un
zèle remarquable, sans pouvoir arriver à en
débarrasser la société.

C'est que, il ne faut pas nous le dissimuler,
la société ne fait presque rien pour atteindre
dans sa racine le mal qui nous ronge...

On conduit à la guillotine l'assassin qui
s'est laissé prendre, après une suite de crimes
et délits restés impunis, sinon inconnus; on
envoie à la Nouvelle le repris de justice
arrêté pour la dixième ou pour la quinzième
fois, la main dans le sac, mais on est impuis-
sant à empêcher tous ces crimes et tous ces
délits qui sont un véritable fléau social.

Cependant on pourrait y arriver, du moins en partie, si l'on frappait le vice dans sa base et si l'on introduisait des réformes nécessaires dans les maisons de correction.

La création des maisons de correction avait pour but, dans la pensée du législateur, de *corriger* les enfants vicieux et de leur permettre, à la sortie des dites maisons, de suivre la voie de l'honnêteté et du travail.

Malheureusement, telles qu'elles sont organisées aujourd'hui, les maisons de correction sont plutôt des pépinières du vice que de la vertu.

Ce sont des prisons et non pas des écoles de morale.

Les enfants qu'on y enferme pêle-mêle s'y rencontrent avec des « anciens » qui se chargent de leur apprendre tout ce que ces nouveaux venus ignoraient encore dans le domaine du vice.

Six mois de séjour dans une maison de correction font, d'un gamin qui a commis un délit mais qui n'était pas encore incorrigible, un vaurien de la pire espèce.

Les maisons de correction sont dirigées plutôt par des gardes-chiourme que par des pédagogues, et c'est un grand malheur.

Si ceux entre les mains desquels reposent les destinées de la société s'imposaient davantage le devoir de défendre l'enfance contre la propagation du vice, le *gibier à Deibler* serait moins nombreux, je vous l'affirme.

Mais nos sociologues préfèrent s'occuper de politique... Ils deviennent députés, quelquefois ministres... et trouvent que tout va pour le mieux dans le meilleur des mondes.

FIN

TABLE DES MATIÈRES

BIBLIOTHÈQUE

DU

FIN DE SIÈCLE

BIBLIOTHÈQUE

DU

FIN DE SIÈCLE

Ouvrages en vente, 34, rue de Lille, Paris.

Ces volumes sont expédiés, contre toute demande accompagnée de mandat ou timbres-poste, *franco* par la poste ou colis postal en gare. Pour les recevoir recommandés par la poste ou colis postal à domicile, ajouter 25 centimes à la commande.

Les timbres étrangers et les timbres des colonies sont refusés.

Adresser les commandes au Directeur, 34, rue de Lille.

PUBLICATIONS SPÉCIALES DU « FIN DE SIÈCLE »

ROMANS

Victor Joze: *Veuve Béguin*, roman de mœurs parisiennes, illustrations de Carl Hap...................	3 50
— *Babylone d'Allemagne*, roman de mœurs berlinoises, illustré par Bac, Lautrec, etc.......	3 50
— *Le Demi-Monde des jeunes filles*, roman de mœurs parisiennes.	3 50
— *Paris-Gomorrhe*, nouvelles parisiennes, grandes illustrat..	3 50
— *L'Homme à femmes*, suivi de *Reine de Joie*, romans de mœurs parisiennes.........	3 50
— *Les Sœurs Vachette*, roman de mœurs parisiennes, très nombreuses illustrations de Made.	3 50
— *La Cantharide*, roman de mœurs parisiennes..................	3 50
— *La Tribu d'Isidore*, roman réaliste de mœurs israélites.....	3 50
— *Veuve Béguin*, roman de mœurs parisiennes, illustrations de Carl Hap	3 50

Paul Perrin . *Les Bonnes Fortunes du Père
    Pédard*, roman gaulois, il-
    lustrations de Guimaraes...   3 50
Victorien du Saussay: *L'École du Vice*, roman
    de mœurs parisiennes, illustr.
    de Neumont et Carl Hap.....   3 50

ÉTUDES SOCIALES, HISTOIRE

Les Prostituées à Paris, notes et souvenirs
    d'un agent des mœurs (organisation de
    la prostitution, les maisons de tolérance,
    la prostitution libre), nombreux croquis.   3 50
Souvenirs galants sur le second Empire,
    par l'Aïeule : illustrations de Lubin de
    Beauvais d'après des photographies du
    temps, préface de Victorien du Saussay..   3 50
Les Bas-fonds du crime et de la prostitution
    par Monsieur Jean, ancien agent des
    mœurs, croquis d'après nature, par Lubin
    de Beauvais...................   (sous presse.

Nous avons, au prix de 10 francs, quelques exem-
plaires très rares des quatre ouvrages suivants
(d'abord édités à 3 fr. 50), qui étaient épuisés et
que nous avons nous-même rachetés, afin de les
fournir aux collectionneurs qui les désireront.

V. du Saussay : *Jouir... Mourir*..........   10 »
    —   *Les Pires Joies*...........   10 »
    —   *Perverse*................   10 »
Paul Verlaine : *Confessions,*.............   10 »

ROMANS ET ÉTUDES RÉALISTES ET NATURALISTES

Bérard : *La Jolie Faubourienne*..........   3 50
Georges Brandimbourg : *Croquis du vice,*
                illustré par Steinlein.   3 50
        --   *L'Arrière-Boutique,* nom-
                breuses illustrations...   3 50
Bruno : *Les Enfants d'une Gueuse*........   3 50
    —   *Marchande d'amour*..............   3 50
Dargenthal : *Fleur de chair,* vie d'une cour-
    tisane, nombreuses illustrations.........   3 50

Davray : *L'Armée du vice*.................. 3 50
Destelle : *Cabotines d'amour*, nombr. illustr. 3 50
A. Le Roy : *Les Amours d'un supérieur de
   Séminaire*...................... 3 50
Jacques Lesparre : *Les Amours du bossu*, 3 50
J. Monti : *Madame Mathurin*,............. 3 50
Jacques Souffrance : *Le Couvent de Gomorrhe* · 3 50
Villiers et Devancaze : *Messieurs les Alphon-
                        ses*, étude de mœurs
                        réaliste, nombreuses
                        illustrations......... 3 50
          —   *Les Reines du trottoir*,
                        suite de *Messieurs les
                        Alphonses*, nombreu-
                        ses illustrations...... 3 50
Villiers : *Minette*, histoire d'une jeune fille
   sage........................... 3 50
Abbé Henri Z. : *La Confession d'un Confes-
   seur*............................. 3 50

COLLECTION DU « MERCURE »

romans ultra-modernes.

Batilliat : *Chair mystique*.............. 3 50
Jean de Chilra : *L'heure sexuelle*......... 3 50
Albert Delacour : *Le Roy*............... · 3 50
E. Dujardin : *Les Lauriers sont coupés*....... 3 50
       —   *L'Initiation au péché et à l'amour*. 3 50
Dumur : *Pauline ou la liberté de l'Amour*. 3 50
Albert Juhellé : *La Crise virile*........... 3 50
Camille Lemondier : *Un mâle*............ 3 50
Pierre Louys : *Aphrodite*............... 3 50
       —   *Les Chansons de Bilitis*..... 3 50
       —   *La Femme et le Pantin*..... 3 50
Rachilde : *Les Hors-nature*.............. 3 50
Hugues Rebell : *La Nichina*.... .... 3 50
       —   *La Femme qui a connu l'Empereur*. 3 50
Jean de Tinan : *Penses-tu réussir*........ 3 50

THÉOLOGIE MUSULMANE ET INDOUE

(RÈGLES DE L'AMOUR)

Traduction française des célèbres traités érotiques
orientaux.

Traités indous:

   Kama-Soutra, règles de l'amour........ 6 »

Traités musulmans:

   Rauzat-us-Safa, jardin de pureté........ 6 »
   El-Ktab, lois secrètes de l'amour........ 6 »

THÉOLOGIE CATHOLIQUE

Mœchialogia, morale matrimoniale, par un
ancien chanoine...................... 6 »

VOLUMES DE LUXE

Lucien Descaves : *Sous-Offs*, grande édition
illustrée.............................. 9 »
Richard Lesclide : *Contes extra-galants*, ill. 6 »
— *La Diligence de Lyon*,
roman galant........ 5 »
A. Saulière : *Ce qu'on n'ose pas dire*....... 10 »
Armand Silvestre: *Pour les Amants*, petit
volume in-32........ 5 »
— *Noël joyeux*, 3 superbes
albums, ultra-fin de
siècle. Chaque volume. 5 »
Emile Zola, œuvres illustrées par les pre-
miers artistes parisiens, grand format :
L'Assommoir...................... 6 »
Le Ventre de Paris.................... 6 »
Nana.............................. 6 »
Pot-Bouille........................ 6 »
Thérèse Raquin...................... 6 »
La Terre........................... 5 »
La Débâcle......................... 7 »

SCIENCES, MÉDECINE

ALBUMS DE LUXE SUR LA VIE PARISIENNE AMOUREUSE

(La plupart de ces planches sont coloriées.)

F. Bac: *La Femme intime*, 28 planches.....	5	»
— *Les Fêtes galantes*. 20 planches....	5	»
F. Bac : *Nos Femmes*, 10 planches.........	5	»
— *Les Alcôves*, 20 planches..........	5	»
— *Nos Amoureuses*, 20 planches......	5	»
— *Femmes de Théâtre*. 20 planches..	5	»
— *Modèles d'Artistes*, 20 planches.....	5	»
Couturier : *La Noce*, 22 planches.........	5	»
Guillaume : *Des Bonshommes*, 54 Planches..	5	»
— *P'tites Femmes*, 20 dessins.....	5	»
— *Mémoires d'une glace*, 24 pl....	5	»
— *Faut voir*, 20 planches........	5	»
— *Mes Campagnes*, 20 planches..	5	»
— *Etoiles de Mer*, 20 planches...	5	»
— *Y a des Dames*, 20 planches....	5	»
— *Madame est servie*, 20 planches.	5	»
— *Mes 28 jours*.................	5	»
G. Lami : *Entre Femmes*................	5	»
Léandre : *Nocturnes*, 20 planches..........	5	»

ART

Le Nu au Salon, albums de gravures d'après les tableaux exposés aux Salons de chaque année. Dans chaque volume 32 belles gravures, texte d'Armand Silvestre. Le vol....................	5	»
1 — 1888	5	»
2 — 1889	5	»
3 — — (Exposition universelle).....	5	»
4 — 1890 (Champs-Elysées)..........	5	»
5 — — (Champ de Mars)..........	5	»
6 — Nu au Louvre.................	5	»
7 — 1891 (Champs-Elysées)...	5	»
8 — — (Champ-de-Mars)..........	5	»
9 — Nu de Rabelais...............	5	»
10 — 1892 (Champs-Elysées)..........	5	»
11 — — (Champ-de-Mars)..........	5	»
12 — 1893 (Champs-Elysées)..........	5	»

13 — 1893 (Champ-de-Mars)............ 5 »
14 — 1894 (Champs-Elysées)........... 5 »
15 — — (Champ-de-Mars)............ 5 »
16 — *Métamorphoses d'Ovide*......... 5 »
17 — — (2e volume)...... 5 »
18 — 1895 (Champs-Elysées)........... 5 »
19 — — (Champ-de-Mars)........... 5 »
20 — 1896 (Champs-Elysées)........... 5 »
21 — — (Champ-de-Mars)........... 5 »
22 — 1897 (Champs-Elysées)........... 5 »
23 — — (Champs-de-Mars).......... 5 »
24 — 1898 (Champs-Elusées)........... 5 »
25 — — (Champ-de-Mars)........... 5 »

Le Nu d'après Boucher, texte de Louis
Enault, 20 magnifiques reproductions de
Boucher. Un admirable album............ 20 »

COLLECTION GAILLARDE

Brio : *Chattes et Renards*, illustré, vol. de luxe 5 »
— *A huis clos* — — 5 »
O'Cantin : *Peine de cœur* — — 5 »
Flirt : *Doux larcins* — — 5 »
Maizeroy : *Le mal d'aimer* — — 5 »
— . *Mire lon la* — — 5 »
Massiac : *Joyeux devis* — — 5 »
Meunier : *Chair à plaisir* — — 5 »
— *Miettes d'amour* — — 5 »
— *Baisers tristes* — — 5 »
A. Silvestre : *Le Péché d'Ève* — — 5 »
Thilda : *Pour se damner* — — 5 »

LA VIE FIN DE SIÈCLE

Albums de 150 gravures

Série 1898.......................... **2** »
Série 1899.......................... **2** »

Sceaux. — Imp. E. Charaire.

www.ingramcontent.com/pod-product-compliance
Lightning Source LLC
Chambersburg PA
CBHW070737270326
41927CB00010B/2027